D1878221

नरेन्द्र नाथ

नरेन्द्र नाथ का जन्म सन् 1942 में हुआ। दिल्ली विश्वविद्यालय और टोरंटो से इतिहास व राजनीतिशास्त्र पढ़ने के बाद उन्होंने सिराक्यूज़ विश्वविद्यालय से समाजशास्त्र में पी-एच.डी की। उनकी अभिरुचियों और लेखन का दायरा काफ़ी विविध रहा। उनके शोध का विषय जेंडर के परिप्रेक्ष्य में परिवार, शिक्षा व पाठ्यपुस्तकों का विश्लेषण करना था। उन्होंने बफ़लो (न्यूयॉर्क) के स्टेट यूनिवर्सिटी कॉलेज में समाजशास्त्र का अध्यापन किया। दूसरी ओर साहित्य मे गहरी दिलचस्पी होने के चलते उन्होंने पाकिस्तानी उर्दू शायरी के पाँच संकलन हिंदी मे प्रकाशित किए। सत्तर-अस्सी के दशक में दक्षिण एशिया के प्रवासियों के लिए टोरंटो से प्रसारित होने वाले वॉयस ऑफ़ इंडिया नामक चैनल के कार्यक्रम 'सोच-विचार' और 'ख़बर' का निर्माण किया और प्रस्तुति भी की। यह कार्यक्रम समाज, राजनीति व संस्कृति से जुड़े लोकरुचि के मुद्दों पर आधारित थे और अत्यंत लोकप्रिय रहे। उन्होंने दर्जनों किताबों और पत्रिकाओं के लिए अकादमिक लेखन किया।

उनकी प्रमुख कृतियाँ हैं—'नौ बरस' (उपन्यास), 'सेक्सिज़म इन इंडियन एजुकेशन : द लाइज़ वी टेल आवर चिल्ड्रन' (1979), 'पाकिस्तान से ताज़ा ग़ज़लें', 'फ्रॉम सेक्सिज़म टू एक्वॉलिटी : अ हैंडबुक ऑन हाऊ टू एलिमिनेट सेक्सिस्ट बायस फ्रॉम आवर टेक्स्टबुक्स' (1986), 'पाकिस्तानी उर्दू शायरी' (पाँच भाग)।

सन् 1998 में लंबी बीमारी के बाद उनका निधन हुआ।

पाकिस्तानी उर्दू शायरी

खंड-2

सम्पादक

नरेन्द्र नाथ

राधाकृष्ण पेपरबैक्स

पहला पुस्तकालय संस्करण
राधाकृष्ण प्रकाशन प्राइवेट लिमिटेड
1984 में प्रकाशित

राधाकृष्ण पेपरबैक्स में
पहला संस्करण : 2024

राधाकृष्ण पेपरबैक्स : उत्कृष्ट साहित्य के जनसुलभ संस्करण

राधाकृष्ण प्रकाशन प्रा. लि.
जी-17, जगतपुरी, दिल्ली-110 051
द्वारा प्रकाशित

शाखाएँ : अशोक राजपथ, साइंस कॉलेज के सामने, पटना-800 006
पहली मंजिल, दरबारी बिल्डिंग, महात्मा गांधी मार्ग, प्रयागराज-211 001
1, अनमोल सोराबजी सन्तुक लेन, धोबी तलाव, मरीन लाइंस, मुम्बई-400 002
वेबसाइट : www.radhakrishnaprakashan.com
ई-मेल : info@radhakrishnaprakashan.com

विकास कंप्यूटर एंड प्रिंटर्स
ट्रॉनिका सिटी-201 102
द्वारा मुद्रित

मूल्य : ₹250

PAKISTANI URDU SHAYARI (Vol. 2)
Edited by Narendranath

ISBN : 978-81-19989-47-8

सम्पादक का बयान

दूसरे संकलनों की भूमिकाएँ देखते समय कई बार मुझे लगा है कि कविताएँ पढ़े बिना शुरू की गई बातचीत का रस, कविताएँ पढ़ लेने के बाद उठाई गई आलोचनात्मक प्रस्तावना से अलग होता है।

चूँकि इस सीरीज़ में संकलित सामग्री हिंदी में अनुपलब्ध रही है, इसलिए अगले तीन खंडों में आप केवल रचनाएँ पढ़ेंगे। पाकिस्तानी उर्दू शायरी पर निबंधात्मक टिप्पणी खंड चार के बाद होगी क्योंकि तब तक आप इतनी कविताएँ पढ़ चुके होंगे कि आलोचना के दर्शक भर नहीं, सहभागी हो सकें।

इस खंड के लिए उर्दू साहित्य की शोध अब्दुल मुग़नी ने की; संपादन में सहयोग द्विजेंद्र और मुकुल प्रियदर्शिनी का था। ग़लतियों की ज़िम्मेदारी या तो मेरी है, या उसकी जिसने बाल खोलने के बाद मेरी लापरवाही से नाराज़ हो कर अपनी डायरी में से मेरा पता तो काटा था लेकिन इस तरह कि जब ज़रूरत हो दुबारा पढ़ा जा सके।

फरवरी, 1985

—नरेन्द्र नाथ

आभारी हैं

श्री असद ज़ैदी के—जिनकी सहायता के बिना इस खंड का प्रकाशन इतनी जल्दी और इतना सही संभव न होता।

—प्रकाशक

क्रम

अनवर शऊर

अनवर शऊर का जन्म 11 अप्रैल, 1943 को बंबई में हुआ।

अनवर शऊर जो कुछ है, अपने लिए है। वो अपनी बातें करता है अपने गुण-अवगुण बखानता है, विचारशीलता की धूप में कुछ देर के लिए जाए भी तो फिर थोड़ी-सी देर बाद आत्मरति की रंगशाला में लौट आता है। यही उसका ऐब है और यही उसकी ख़ूबी कि वो जो कुछ देखता-सोचता है, उसे वैसे ही बयान कर देता है। वो जैसा है, वैसा ही सामने आता है, न कम न ज़्यादा :

बहरूप नहीं भरा है मैंने
जैसा भी हूँ सामने खड़ा हूँ

इस सादगी ने उसकी शायरी को सचाई के साँचों में ढाल दिया है। अनवर शऊर के किसी भी शेर को उठाकर देख लीजिए, उसके मनचलेपन का कोई-न-कोई पहलू ज़रूर झलक रहा होगा : प्यार, मुहब्बत, नफ़रत, हसद, झुँझलाहट, ज़िद, ग़रूर, हैरानी या ग़ुस्सा।

हर शायर की रचनाओं में उसके किसी-न-किसी एहसास की पर्दानशीं परछाइयाँ होती हैं। अनवर शऊर के कई समकालीनों ने अपनी ख़्वाहिशात तक पर मसलहतों के ऐसे पर्दे डाले हैं कि सचाई की सफ़ेदी, झूठ की झाड़ियों में सँवला-सँवला कर स्याह हो जाती है। अनवर शऊर के पास कोई ऐसा मोटा या झीना पर्दा नहीं है। बहुत पहले जब वो बच्चों के लिए कविताएँ लिखा करता था तब भी मासूम और सच्चा था, आज भी मासूम और सच्चा है। उसकी मासूमियत के तमाम पर्दे हवा में फड़फड़ाते हुए उसकी अनुभूतियों को एक कैमरे के लैंस की तरह यथास्थिति उजागर करते रहते हैं :

मुझसे कतरा के भला क्यों जाता
शायद उसने मुझे देखा ही न हो

या

दुनिया को नहीं है मेरी परवा!
मैं कब उसे घास डालता हूँ

अनवर शऊर का मकतब उसका माहौल है, सस्ती फ्रस्ट्रेशन नहीं। बनावटी कैफ़ियतों से दूर, उसका हर एहसास बेनक़ाब है, हर ख़्वाहिश नंगी :

मैं छुपाता हूँ बरह्ना ख़्वाहिशें
वो समझती है कि शर्मीला हूँ मैं

शऊर की बेचैनी कोई सतही अंगारा नहीं है जो चंद लम्हे हवा के सामने रहने के बाद बुझ जाता है। उसका एहसास राख तले दबी चिंगारी की तरह अंदर-ही-अंदर, धीमी, ख़ामोश मगर मुसलसल तपिश देता रहता है। वो अपना ग़म बयान करते वक़्त चीख़ता नहीं, अंदर-ही-अंदर सुलगते हुए अंदाज़ में पिघलता है। उसका दुख आँसुओं की अभिशस्ति नहीं, भिंची मुट्ठियों में नाख़ूनों से छिली हथेलियों की हाज़िरी है :

बाज़ारों में फिरते-फिरते दिन-भर बीत गया
काश हमारा भी घर होता, घर जाते हम भी

अनवर शऊर ने कराची में 1957 से शेर कहना शुरू किया था। कुछ देर अंजुमन-तरक़्क़ी-उर्दू, कराची में नौ कर रहे। आजकल कराची से प्रकाशित होने वाले मशहूर डायजेस्ट 'सबरंग' में हैं।

ग़ज़ल

1

कुछ लकीरें रोज़ नक़्शे से मिटा देती है आग
कैसे-कैसे शह्र मिट्टी में मिला देती है आग

दिल जो अब इस दर्जा वीराँ है कभी आबाद था
इश्क़ है इक आग, क्या से क्या बना देती है आग

जो कली खिलती है क्यारी में जला देती है धूप
जो दिया जलता है धरती पर बुझा देती है आग

ज़िंदा रहना जलते रहने के बराबर है मगर
ज़िंदगी इक आग है कुंदन बना देती है आग

एक बच्चा भी मिला झुलसे हुए अफ़राद[1] में
पेड़ के हमराह गुल-बूटे जला देती है आग

याद अव्वल तो अब आती ही नहीं उसकी शऊर
और आती है तो सीने में लगा देती है आग

---

1. आदमियों

2

सुना चुका हूँ जो क़िस्सा, नहीं सुनाऊँगा
नई है रात, दिया भी नया जलाऊँगा

मेरी ग़ज़ल है सफ़र-नामा-ए-हयात[1] मेरा
नफ़स-नफ़स[2] की सैयाहत[3] तुम्हें कराऊँगा

सुना ये है कि वो शिद्दत से याद करता है
अगर मिली मुझे फ़ुरसत कभी तो जाऊँगा

मुझे सँभाल के रखना कि अब यहाँ से भी
चला गया तो कभी लौटकर न आऊँगा

शऊर! ग़ालिब-ओ-इक़बाल[4] हों कि फ़ैज़-ओ-फ़िराक़[5]
मैं अपना रास्ता सबसे अलग बनाऊँगा

3

मैं ख़ाक[6] हूँ, आब[7] हूँ, हवा हूँ
और आग की तरह जल रहा हूँ

तहख़ाना-ए-ज़ह्न में न जाने
क्या शय है जिसे टटोलता हूँ

बहरूप नहीं भरा है मैंने
जैसा भी है सामने खड़ा हूँ

सुनता तो सभी की हूँ मगर मैं
करता हूँ वही जो चाहता हूँ

---

1. जीवन का यात्रा वृत्तांत 2. पल-पल 3. यात्रा 4. मिर्जा ग़ालिब और इक़बाल 5. फ़ैज़ अहमद फ़ैज़ और फ़िराक़ गोरखपुरी 6. मिट्टी 7. पानी

अच्छों को तो सब ही चाहते हैं
है कोई? कि मैं बहुत बुरा हूँ

पाता हूँ उसे भी अपनी जानिब[1]
मुड़कर जो किसी को देखता हूँ

बचना है मुहाल इस मरज़ में
जीने के मरज़ में मुब्तला[2] हूँ

सुनता ही न हो कोई तो क्यों मैं
चिल्लाऊँ, फ़ुग़ाँ[3] करूँ, कराहूँ

औरों से तो इज्तिनाब[4] था ही
अब अपने वजूद से ख़फ़ा हूँ

बाक़ी हैं जो चंद रोज़, वो भी
तक़दीर के नाम लिख रहा हूँ

लिखता हूँ हर एक बात सुनकर
ये बात तो मैं भी कह चुका हूँ

4

कुछ दिनों अपने घर रहा हूँ मैं
और फिर दर-ब-दर रहा हूँ मैं

दूसरों की ख़बर तो क्या लेता
ख़ुद से भी बेख़बर रहा हूँ मैं

वक़्त गो हमसफ़र न था मेरा
वक़्त का हमसफ़र रहा हूँ मैं

---

1. ओर 2. ग्रस्त 3. आर्तनाद 4. परहेज़

ज़ीना-ए-ज़ात[1] का सफ़र और रात
धीरे-धीरे उतर रहा हूँ मैं

यक-ब-यक किस तरह बदल जाऊँ
रफ़्ता-रफ़्ता सुधर रहा हूँ मैं

तू भी देखे तो अजनबी जाने
अबके वो स्वाँग भर रहा हूँ मैं

बेहक़ीक़त है शोर-ए-शह्र[2] कि अब
गुनगुनाता गुज़र रहा हूँ मैं

आग है और सुलग रही है हयात[3]
राख हूँ और बिखर रहा हूँ मैं

5

जो कुछ कहो क़ुबूल है तक़रार क्या करूँ
शर्मिंदा अब तुम्हें सर-ए-बाज़ार क्या करूँ

हैं वा शिगाफ़[4] मुझ पे तुम्हारी इनायतें
जो अनकही न हो, उसे इज़हार क्या करूँ

मालूम है कि पार खुला आस्मान है
छुटते नहीं हैं ये दर-ओ-दीवार क्या करूँ

इस हाल में भी साँस लिए जा रहा हूँ मैं
जाता नहीं है आस का आज़ार क्या करूँ

फिर एक बार वो रुख़-ए-मासूम[5] देखता
खुलती नहीं है चश्म-ए-गुनहगार[6] क्या करूँ

---

1. अस्तित्व की सीढ़ी 2. शहर का शोर 3. जीवन 4. स्पष्ट दरार 5. निष्पाप मुख 6. पापी आँख

तनहाई में तो फूल भी चुभता है आँख में
तेरे बग़ैर गोशा-ए-गुलज़ार[1] क्या करूँ

ये पुरसुकून सुबह, ये मैं, ये फ़ज़ा शऊर
वो सो रहे हैं, अब उन्हें बेदार क्या करूँ

6

हमरकाब-ओ-हम-सफ़र कोई न था
वर्ना सद्द-ए-रहगुज़र[2] कोई न था

रास्ते में एक आवाज़ आई थी
मुड़ के देखा था मगर कोई न था

कोई होता तो रुलाता इस तरह?
चश्म-ए-तर[3], ऐ चश्म-ए-तर! कोई न था

कौन करता है पसंद आवारगी
शायद आवारा का घर कोई न था

चाहते थे हम भी सुस्ताना मगर
रास्ते-भर में शजर कोई न था

दस्तकें देना तमाशा हो गया
रौशनी क्यों थी? अगर कोई न था

आपके होंटों से निकला था मगर
ख़ुश हमारे नाम पर कोई न था

मेरी तनहाई का साथी शह्र में
जानता है शह्र-भर, कोई न था

1. बाग़ का एकांत 2. रास्ते का बाधक 3. भीगी आँख

इब्तिला[1] के दौर में भी ख़ैर-ख़्वाह[2]
था तो लेकिन इस क़दर कोई न था

काश हो जाती मुलाक़ात आप से
इत्तिफ़ाक़न रात घर कोई न था

चिट्ठियाँ आती रहीं, जाती रहीं
बीच में गो नामाबर कोई न था

पारसा[3] तो और भी थे शहर में
आप जैसा बा-हुनर[4] कोई न था

दिल के आईने को पहुँचाता न ठेस
इस क़दर नाज़ुक-नज़र कोई न था

रात, आलूदा[5] थे सब दामन मगर
मोहतसिब[6] आया तो तर कोई न था

टिकटिकी बाँधे हुए तकता रहा
गो मेरे पेश-ए-नज़र[7] कोई न था

छेड़ दी क्यों दास्तान-ए-दिल शऊर
क्या फ़साना मुख़्तसर[8] कोई न था

7

किनारे आज कश्ती लग रही है
मुझे हर चीज़ अच्छी लग रही है

तेरे होते जो जचती ही नहीं थी
वो सूरत आज ख़ासी लग रही है

---

1. दुख 2. शुभचिंतक 3. दूध के धुले 4. हुनरमंद 5. भीगे हुए 6. अवांछित गतिविधियों (जैसे शराबख़ोरी, जुएबाज़ी) पर कड़ी नज़र रखने वाला और सज़ा दिलवाने वाला हाकिम, नैतिकता का रखवाला 7. सामने 8. संक्षिप्त

जहाँ तक हो सके, आँखें खुली रख
अगर दुनिया बुरी भी लग रही है

वो अच्छी कह रहा है अपनी हालत
मगर जैसी है वैसी लग रही है

गली पर एक ख़ामोशी है तारी
ये आहट तो तुम्हारी लग रही है

मुहब्बत में पलट आता है माज़ी
जवानी, नौजवानी लग रही है

कोई गुम हो गया है भीड़ में क्या
नज़र भटकी हुई-सी लग रही है

चराग़ाँ दीद के क़ाबिल है लेकिन
मुझे तो रात अँधेरी लग रही है

शऊर, आदम न आदम-ज़ाद कोई
अजब सुनसान बस्ती लग रही है

8

और न दर-ब-दर[1] फिरा, न आज़मा[2] मुझे
बस, मेरे पर्दादार बस, अब नहीं हौसला मुझे

सख़्त नज़र-फ़रेब है आईना-ख़ाना-ए-जमाल
उसकी चमक-दमक न देख, देख बुझा-बुझा मुझे

जिस हुजूम-ए-ख़ल्क़[3] से घुट के अलग हुआ तो मैं
क़तरा-ब-सत्ह-ए-बह्र[4] था, चाट गई हवा मुझे

---

1. एक दरवाज़े से दूसरे दरवाज़े 2. परीक्षा ले 3. जनसमूह 4. समुद्र के तल की बूँद

सब्र करो मुहासिबो[1], वक़्त तुम्हें बताएगा
दह्‌र[2] को मैंने क्या दिया, दह्‌र से क्या मिला मुझे

सिर्फ़ उसी के सामने ख़्वार[3] किया था आस ने
यास ने फ़र्द-फ़र्द[4] पर आईना कर दिया मुझे

तेरे ही मिस्र का मलाल, तेरे ही नज्द[5] का ख़याल
शह्‌र-ब-शह्‌र, कू-ब-कू, गाम-ब-गाम था मुझे

कारगह-ए-बक़ा[6] मुझे ज़ात-ओ-हयात-ओ-कायनात[7]
ज़ात-ओ-हयात-ओ-कायनात दायरा-ए-फ़ना[8] मुझे

ज़ात-ओ-हयात-ओ-कायनात, बे-सर-ओ-पा-ओ-बेसबात[9]
बे-सर-ओ-पा-ओ-बेसबात शय से उम्मीद क्या मुझे

रात लुग़ात-ए-उम्र[10] से मैंने चुना था एक लफ़्ज़
लफ़्ज़ बहुत अजीब था, याद नहीं रहा मुझे

था गुज़राँ, गुज़र गया वक़्त-ए-विसाल और बस
ख़ाक़ भी छानता फिरा, फिर न कभी मिला मुझे

मैंने हँसी-ख़ुशी उसे जाने दिया था 'हाँ' मगर
ये तो मुआहिदा[11] न था, मुड़ के न देखना मुझे

शाम उस आदमी की याद, आई जो एक उम्र के बाद
जानिए किसी अज़ाब में कर गई मुब्तिला मुझे

मैंने उसे शिकस्त दी सीना-ब-सीना[12], लब-ब-लब[13]
सीना-ब-सीना, लब-ब-लब, उसने हरा दिया मुझे

---

1. हिसाब लेने वालो 2. युग 3. अपमानित 4. हर व्यक्ति 5. मिस्र में एक शहर 6. अनश्वरता का कार्यालय 7. अस्तित्व, जीवन और सृष्टि 8. मत्यु का चक्र 9. निराधार और अस्थिर 10. आयु का शब्दकोश 11. समझौता 12. हर मोड़ पर 13. हर स्थान पर

जो न सुना था दह्र[1] से, उसकी ज़ुबाँ से सुन लिया
अब मुझे कोई कुछ कहे, फ़िक्र नहीं ज़रा मुझे

हैं तेरी मेहरबानियाँ, भूली हुई कहानियाँ
भूली हुई कहानियाँ याद न अब दिला मुझे

फ़न को समझ लिया गया महज़ अतिया-ए-फ़लक[2]
सई-ओ-रियाज़[3] का सिला ख़ूब दिया गया मुझे

महरम-ए-ख़ास[4] देखना, सो तो नहीं गया शऊर
देर हुई सुने हुए, कोई नई सदा[5] मुझे

---

1. युग 2. आसमान की भेंट 3. प्रयत्न व अभ्यास 4. मर्मज्ञ 5. आवाज़

अहमद नदीम क़ासमी

जो लोग गद्य और पद्य दोनों लिखते हैं, उन्हें अक्सर शिकायत रहती है कि कहानीकारों की चर्चा चलते समय उन्हें शायर कह कर नज़रअंदाज़ कर दिया जाता है और जब शायरों का ज़िक्र उठता है तो उन्हें गद्य लेखक कहकर नकार दिया जाता है। नदीम गद्य और पद्य दोनों लिखते हैं। लेकिन ये बात उन पर लागू नहीं होती। उर्दू साहित्य के दोनों वर्ग क़ासमी को सिर-आँखों पर बिठाते हैं। वो इस युग में उर्दू के उन चंद सफल लेखकों में से हैं जो कवि की हैसियत से भी उतने ही प्रतिष्ठित हैं जितने कहानीकार की हैसियत से।

20 नवंबर, 1916 को सरगोधा के गाँव अंगा में, क़ासमी ख़ानदान में पैदा हुए तो नाम रखा गया अहमद शाह। नदीम तख़ल्लुस करने पर अहमद नदीम क़ासमी हो गए। आठ साल के थे कि पिता का देहांत हो गया। चचा पीर हैदर शाह ने सिर पर हाथ रखा, बेटा बनाकर पाला। चचा सिविल सर्विस में थे। उनके तबादले होते तो भतीजे का भी स्कूल बदल जाता। कैंबलपुर, शेख़ूपुरा और बहावलपुर में तालीम पाई।

अहमद नदीम क़ासमी बचपन से ही अध्ययनशील और गंभीर थे। जब मुस्लिम नेता मौलाना मोहम्मद अली का देहांत हुआ तो उन्होंने 15 साल की उम्र में एक नज़्म कही जो लाहौर के दैनिक 'सियासत' में पहले पृष्ठ पर छपी। संभव था कि वे कविताएँ ही लिखते रहते। लेकिन अंग्रेज़ी साहित्य के दिलदादा और मशहूर लेखक मोहम्मद ख़ालिद अख़्तर बहावलपुर कॉलेज में इनके दोस्त थे। उन्होंने मशविरा दिया कि कविता में क्या रखा है, गद्य लिखो। दोस्त के कहने पर 1934 में क़ासमी ने पहली कहानी 'बुत तराश' लिखी जो अख़्तर शीरानी की पत्रिका 'रूमान' में प्रकाशित हुई। इसके बाद वो ग़ज़लों, नज़्मों के साथ-साथ कहानियाँ भी लिखते रहे। 'रूमान' में उनकी कहानियाँ पढ़कर सआदत हसन मंटो ने अख़्तर शीरानी से ख़त लिखकर पूछा इस नौजवान की कहानियों ने मुझे बहुत प्रभावित किया। ये कौन है और कहाँ का रहने वाला है। अख़्तर शीरानी ने ख़त क़ासमी को ही भेज दिया। उन्होंने मंटो को जवाब लिखा और फिर ख़त-ओ-किताबत का जो सिलसिला शुरू हुआ; वो मंटो की मौत तक जारी रहा। अहमद नदीम क़ासमी का मंटो से पत्र-व्यवहार किताबी सूरत में छपा है।

1935 में बी.ए. और चार साल तक नौकरी तलाश करने के बाद, क़ासमी 1939 में एक्साइज़ के महकमे में सब-इंस्पेक्टर होकर मुलतान चले गए। लेकिन नौकरी में झूठे मुक़द्दमे बनाने और ग़रीबों के घरों पर छापे मारने पड़ते थे। सो तीन साल की नौकरी के बाद त्यागपत्र देकर लाहौर चले आए और बच्चों की मशहूर पत्रिका 'फूल' और 'तहज़ीबुन-निस्वाँ' के संपादक हो गए। फिर 'अदबे-लतीफ़' का संपादन भी करने लगे।

ये सिलसिला तब टूटा जब वे 1946 में बीमार पड़े। तबीयत न सँभली तो गाँव चले गए। कई माह की बीमारी के बाद अच्छे होने पर पेशावर रेडियो स्टेशन में स्क्रिप्ट राइटर लगे। इस नौकरी के दौरान लाहौर से 'सवेरा' प्रकाशित हुआ तो पेशावर से उसका संपादन करते रहे। 1948 में रेडियो छोड़कर लाहौर आ गए और 'सवेरा' से अलग होने के बाद हाजरा मसरूर के साथ 'नुक़ूश' निकालना शुरू किया। 'नुक़ूश' में और भी भागीदार थे। अहमद नदीम क़ासमी और हाजरा मसरूर में दो साल तक संपादन किया लेकिन उनकी संपादकीय नीति दूसरे भागीदारों को पसंद न थी। 1950 में 'नुक़ूश' छोड़ा, एक साल यूँ ही गुज़रा, और 1951 में सेफ़्टी के तहत अहमद अली ख़ाँ, हमीद अख़्तर, ज़हीर काश्मीरी, ज़हीर बाबर, फ़ैज़ अहमद फ़ैज़ जैसे दूसरे बुद्धिजीवियों के साथ जेल में ठूँस दिये गए। 6 माह के बाद रिहा हुए तो एक साल बेकारी में गुज़रा। 1953 से 1959 तक दैनिक 'इमरोज़' के संपादक और इसी दौरान एक बार फिर तीन महीने जेल में रहे। जब सरकार ने 'इमरोज़' पर क़ब्ज़ा कर लिया तो अहमद नदीम क़ासमी ने त्यागपत्र देकर 1962 में 'फ़ुनून' निकाला जो अब तक जारी है।

नदीम की कविता में ज़िंदगी और ज़िंदगी की समस्याओं पर भरपूर चोटों के पीछे एक गहरी सोच है। इसीलिए उनकी आवाज़ कितनी ही लंबी हो, ढीली नहीं पड़ती। बक़ौल फ़िराक़ गोरखपुरी नदीम की जुदागाना इंफिरादियत ने तहज़ीब-ओ-तरबियत-याफ़्ता दिलों में घर बना लिया है, और अगर कुछ ऐसे दिल हैं जिनमें अभी नदीम की आवाज़ ने घर नहीं बनाया तो उसे उन दिलों में घर बना लेना चाहिए।

अहमद नदीम क़ासमी के क़तआत का एक संकलन 'रिमझिम' के नाम से और ग़ज़लों और नज़्मों के संकलन 'जलाल-ओ-जमाल', 'शोला-ए-गुल', 'दश्त-ए-वफ़ा' और 'मुहीत' प्रकाशित हो चुके हैं। 'चौपाल', 'बगूले', 'तुल-ओ-ग़ुरूब', 'आँचल' 'आबले', 'सैलाब-ओ-गिर्दाब', 'आसपास', 'सन्नाटा', 'दर-ओ-दीवार', 'बाज़ार-ए-हयात', 'बर्ग-ए-हिना', 'घर से घर तक', 'कपास का फूल' और 'नीला पत्थर' 14 संकलन कहानियों के हैं।

अहमद नदीम क़ासमी बाद में लाहौर में रहे। वे दैनिक 'जंग' में हफ़्तावार कॉलम लिखते रहे, और 'फ़ुनून' उनके संपादन में उसी शान से निकलता था।

01 जुलाई, 2006 को इनका निधन हो गया।

पत्थर

रेत से बुत न बना, ऐ मेरे अच्छे फ़नकार
एक लम्हे को ठहर, मैं तुझे पत्थर ला दूँ
मैं तेरे सामने अंबार लगा दूँ लेकिन
कौन-से रंग का पत्थर तेरे काम आएगा?

सुर्ख़ पत्थर? जिसे दिल कहती है बेदिल दुनिया
या वो पथराई हुई आँख का नीला पत्थर
जिसमें सदियों के तहय्युर के पड़े हों डोरे?

क्या तुझे रूह के पत्थर की ज़रूरत होगी?
जिस पे हक़ बात भी पत्थर की तरह गिरती है

इक वो पत्थर है, जिसे कहते हैं तहज़ीब-ए-सफ़ेद
उसके मरमर में सियह ख़ून झलक जाता है
एक इंसाफ़ का पत्थर भी तो होता है, मगर
हाथ में तेशा-ए-ज़र[1] हो तो वो हाथ आता है

जितने मेयार हैं इस दौर के, सब पत्थर हैं
जितने अफ़कार[2] हैं इस दौर के, सब पत्थर हैं

शेर भी, रक़्स भी, तसवीर-ओ-ग़िना[3] भी पत्थर
मेरा इलहाम[4], तेरा ज़ेह्न-ए-रसा[5] भी पत्थर

---

1. सोने की कुदाल 2. विचारधाराएँ 3. चित्र और गाना 4. आकाशवाणी 5. बात की तह तक पहुँचने वाला ज़ेहन

इस ज़माने में तो हर फ़न का निशाँ पत्थर है
हाथ पत्थर हैं तेरे, मेरी ज़ुबाँ पत्थर है
रेत से बुत न बना, ऐ मेरे अच्छे फ़नकार

दायरे

ज़ख़्म भर जाते हैं
ज़ेह्नों से उतर जाते हैं
दिन गुज़रता है तो फिर शब भी गुज़र जाती है
फूल जिस शाख़ से झड़ जाते हैं
मर जाते हैं

चंद ही रोज़ में
उस शाख़ पे आइंदा के फूलों के नगीने-से उभर आते हैं
तेरे जाने से मेरी ज़ात के अंदर जो ख़ला[1] गूँजता है
इक न इक दिन उसे भर जाना है
इक न इक रोज़ तुझे
मेरी फैली हुई, तरसी हुई बाँहों में पलट आना है!

अँधेरे ने कहा

किस क़दर सर्द है ये रात—अँधेरे ने कहा
मेरे दुशमन तो हज़ारों हैं—कोई तो बोले
चाँद की क़ाश[2] भी तहलील[3] हुई शाम के साथ
और सितारे तो सँभलने भी न पाए थे अभी
कि घटा आई, उमड़ते हुए गेसू खोले
वो जो आई थी तो फिर टूटके बरसी होती
मगर इक बूँद भी टपकी न मेरे दामन पर
सिर्फ़ यख़-बस्ता[4] हवाओं के नुकीले झोंके

---

1. अंतरिक्ष 2. टुकड़ा (फाँक) 3. घुलना 4. बहुत ठंडी

मेरे सीने में उतरते रहे, ख़ंजर बनकर
कोई आवाज़ नहीं—कोई भी आवाज़ नहीं
चार जानिब[1] से सिमटता हुआ सन्नाटा है
मैंने किस कर्ब[2] से इस शब[3] का सफ़र काटा है
दुश्मनो! तुमको मेरे ज़ुल्म-ए-मुसलसल[4] की क़सम
मेरे दिल पर कोई घाव ही लगाकर देखो
वो अदावत[5] का सही, तुमसे मगर रब्त[6] तो है
मेरे सीने पे अलाव ही लगाकर देखो

क़ब्र पे फूल

अबके बारिश जो हुई
मैंने ये देखा
कि सर-ए-राह जो इक क़ब्र थी
(शायद किसी दीवाने की)
उस पे इक फूल खिला है
जो हवाओं के थपेड़ों से तड़पता है
तो पाताल से हँसने की सदा आती है

ग़ज़ल

1

पैमाँ जो बँध रहे हैं, कोई सुन रहा न हो
यानी कहीं क़रीब हमारा ख़ुदा न हो

ऐ पास-ए-वज़अ[7] के नफ़स-ए-सर्द[8]! देखना
मेरा चराग़-ए-ज़ब्त[9] कहीं बुझ गया न हो

---

1. ओर 2. दुख 3. रात 4. निरंतर अत्याचार 5. दुश्मनी 6. लगाव 7. हमेशा एक-सा रहना
8. ठंडी साँस 9. सहनशीलता का चराग़

मैं सुन रहा हूँ कब से, तेरे दिल की धड़कनें
लेकिन कहीं ये वक़्त की आवाज़-ए-पा[1] न हो

शबनम के इंतज़ार में मुरझा के जो गिरा
वो बर्ग-ए-गुल[2] कहीं मेरा दस्त-ए-दुआ[3] न हो

दुख है तो सिर्फ़ ये, कि वो दुख देके ख़ुश हुआ
वर्ना किसी भी दुख से मुझे दुख ज़रा न हो

वो ग़म ही क्या जो ग़म का मुदावा[4] न कर सके
वो दिल ही क्या जो राख तो हो, कीमिया[5] न हो

कोई सबब तो है मेरे बातिन के नूर का
आँसू ही दिल में बनके सितारा गिरा न हो

आवाज़ कुफ़्र[6] है तो कुछ ऐसा हो एहतिमाम[7]
टूटे गर आस्माँ भी तो कोई सदा न हो

तहज़ीब का ये कितना मुहज़्ज़ब[8] उसूल[9] है
पर्दे में चाहे कुछ हो, मगर बरमला[10] न हो

इक उम्र से है मुझको उस इंसान की तलाश
अच्छा जो मुझसे बढ़ के हो, मुझसे बुरा न हो

गर वो मेरी दुआ है तो पूरी भी हो नदीम
गर वो मेरा ख़ुदा है तो फिर ना-रसा[11] न हो

---

1. पैर की आवाज़ 2. फूल की पत्ती 3. दुआ के लिए उठा हुआ हाथ 4. इलाज 5. मिट्टी को सोना बनाना 6. धर्म के विरुद्ध बात 7. प्रयोजन. 8. सभ्य 9. नियम 10. खुल्लम-खुल्ला 11. जिसे पा न सकें

2

फूलों से लहू कैसे टपकता हुआ देखूँ
आँखों को बुझा लूँ कि हक़ीक़त को बदल दूँ

हक़[1] बात कहूँगा मगर ऐ जुरअत-ए-इज़हार[2]
जो बात न कहनी हो वही बात न कह दूँ

हर सोच पे ख़ंजर-सा गुज़र जाता है दिल से
हैराँ हूँ कि सोचूँ तो किस अंदाज़ में सोचूँ

आँखें तो दिखाती हैं फ़क़त[3] बर्फ़-से पैकर[4]
जल जाती हैं पोरें जो किसी जिस्म को छू लूँ

चेहरे हैं कि मरमर से तराशी हुई लौहें[5]
बाज़ार में या शह्र-ए-ख़ामोशाँ[6] में खड़ा हूँ

सन्नाटे उड़ा देते हैं आवाज़ के पुर्ज़े[7]
यारों को अगर दश्त-ए-मुसीबत[8] में पुकारूँ

मिलती नहीं जब मौत भी माँगे से, तो या रब
हो इज़्न[9] तो मैं अपनी सलीब आप उठा लूँ

3

लब-ए-ख़ामोश से इफ़्शा[10] होगा
राज़[11] हर रंग में रुसवा[12] होगा

दिल के सहरा में चली सर्द हवा
अब्र[13] गुलज़ार पे बरसा होगा

---

1. सच 2. अभिव्यक्ति का साहस 3. केवल 4. आकृति 5. पत्थर के टुकड़े जिन पर लिखकर क़ब्र पर लगाते हैं 6. क़ब्रिस्तान 7. टुकड़े 8. मुसीबत का जंगल 9. इजाज़त 10. प्रकट 11. मर्म 12. बदनाम 13. घटा

तुम नहीं थे तो सर-ए-बाम-ख़याल[1]
याद का कोई सितारा होगा

किस तवक़्क़ो[2] पे किसी को देखें
कोई तुमसे भी हसीं क्या होगा

ज़ीनत-ए-हलक़ा-ए-आग़ोश बनो[3]
दूर बैठोगे तो चर्चा होगा

ज़ुल्मत-ए-शब[4] में भी शरमाते हो
दर्द चमकेगा तो फिर क्या होगा

जिस भी फ़नकार[5] का शाहकार[6] हो तुम
उसने सदियों तुम्हें सोचा होगा

किस क़दर कर्ब[7] से चिटकी है कली
शाख़ से गुल कोई टूटा होगा

उम्र भर रोए फ़क़त इस धुन में
रात भीगी तो उजाला होगा

सारी दुनिया हमें पहचानती है
कोई हम-सा भी न तन्हा[8] होगा

4

मरूँ तो मैं किसी चेहरे में रंग भर जाऊँ
नदीम, काश यही एक काम कर जाऊँ

ये दश्त-ए-तर्क-ए-मुहब्बत[9] ये तेरे क़ुर्ब[10] की प्यास
जो इज़्न हो तो तेरी याद से गुज़र जाऊँ

---

1. विचार में 2. आशा 3. पास बैठो 4. रात के अँधेरे 5. कलाकार 6. सर्वोत्तम कृति 7. दुख 8. अकेला 9. प्रेम के त्याग का जंगल 10. सामीप्य

मेरा वुजूद[1], मेरी रूह को पुकारता है
तेरी तरफ़ भी चलूँ तो ठहर-ठहर जाऊँ

तेरे जमाल[2] का परतौ[3] है सब हसीनों पर
कहाँ-कहाँ तुझे ढूँढूँ, किधर-किधर जाऊँ

मैं ज़िंदा था कि तेरा इंतज़ार ख़त्म न हो
जो तू मिला है तो अब सोचता हूँ मर जाऊँ

तेरे सिवा कोई शाइस्त-ए-वफ़ा भी तो हो
मैं तेरे दर से जो उट्ठूँ तो किसके घर जाऊँ

ये सोचता हूँ कि मैं बुतपरस्त[9] क्यों न हुआ
तुझे क़रीब जो पाऊँ तो ख़ुद से डर जाऊँ

किसी चमन में बस इस ख़ौफ से गुज़र न हुआ
किसी कली पे न भूले से पाँव धर जाऊँ

ये जी में आती है तख़्लीक़-ए-फ़न[5] के लम्हों में
कि ख़ून बन के रग-ए-संग[6] में उतर जाऊँ

5

वो कोई और न था चंद ख़ुश्क पत्ते थे
शजर[7] से टूट के जो फ़स्ल-ए-गुल[8] पे रोए थे

अभी-अभी तुम्हें सोचा तो कुछ न याद आया
अभी-अभी तो हम इक दूसरे से बिछड़े थे

तुम्हारे बाद चमन पर जब इक नज़र डाली
कली-कली में ख़िज़ाँ के चराग़ जलते थे

---

1. अस्तित्व 2. रूप 3. आभा, प्रतिबिंब 4. बुत पूजने वाला 5. कला का सृजन 6. पत्थर की नाड़ी 7. पेड़ 8. फूलों का मौसम

तमाम उम्र वफ़ा के गुनाहगार रहे
ये और बात कि हम आदमी तो अच्छे थे

शब-ए-ख़मोश को तनहाई ने ज़ुबाँ दे दी
पहाड़ गूँजते थे, दश्त सनसनाते थे

वो एक बार मरे, जिनको था हयात[1] से प्यार
जो ज़िंदगी से गुरेज़ाँ[2] थे रोज़ मरते थे

नए ख़याल अब आते हैं ढल के आहन[3] में
हमारे दिल में कभी खेत लहलहाते थे

ये इर्तिक़ा[4] का चलन है कि हर ज़माने में
पुराने लोग नए आदमी से डरते थे

नदीम जो भी मुलाक़ात थी, अधूरी थी
कि एक चेहरे के पीछे हज़ार चेहरे थे

6

ख़ल्क़[5] तकमील[6] की है दीवानी
मेरा सरमाया[7] मेरी हैरानी

इल्म[8] ने कर्ब-ए-इज़्तिराब[9] दिया
किस क़दर पुरसुकूँ[10] थी नादानी

हौसले आसमाँ को छूने के
और मैं अपना आप ज़िंदानी[11]

---

1. जीवन 2. भागे हुए 3. लोहा 4. क्रम-विकास 5. जनता 6. संपूर्णता 7. पूँजी 8. ज्ञान 9. बेचैनी का दुख 10. शांतिपूर्ण 11. क़ैदी

चाँद से बढ़ के लुत्फ़ दे शायद
चाँद पर से ज़मीं की ताबानी[1]

पेड़ को तोड़ कर बहुत ख़ुश हैं
उथली-उथली हवाएँ तूफ़ानी

तेज़ बारिश ने छत पे दस्तक दी
जब मेरे घर में भर गया पानी

ख़ुद पशेमाँ[2] के काम आती है
बाद-अज़-वक़्त[3] की पशेमानी[4]

इस कड़ी धूप में भी जारी है
चंद यादों की शबनम-अफ़शानी[5]

7

अगर न दर्द मेरी रूह में उतर जाता
मैं जैसा बेख़बर आया था बेख़बर जाता

अभी कहीं न कहीं सिद्क़[6] भी है अद्ल[7] भी है
मैं वर्ना ख़ैर[8] के इस्बात[9] से मुकर जाता

फ़ज़ा-ए-तीरा[10] से मानूस थी निगाह मेरी
फ़लक से वर्ना मैं दाराना[11] क्यों गुजर जाता

कहीं ख़लाओं[12] में आदम की लाश खो जाती
ज़मीं पे आ के अगर ज़िंदगी से डर जाता

---

1. प्रकाश 2. पश्चात्तापी 3. समय बीत जाने पर 4. पश्चात्ताप 5. ओस का गिरना 6. सचाई 7. इंसाफ़ 8. अच्छाई 9. इक़रार 10. अँधेरा वातावरण 11. निडर होकर 12. अंतरिक्ष (बहु.)

हर एक डूबने वाला ये सोचता है कि मैं
भँवर से बच के निकलता तो पार उतर जाता

तमाम उम्र मेरा दश्त[1] मेरे साथ रहा
तमाम उम्र तमन्ना रही कि घर जाता

मेरा कोई भी नहीं कायनात-भर[2] में नदीम
अगर ख़ुदा भी न होता तो मैं किधर जाता

क़तआत

जब चट्टानों से लिपटता है समुंदर का शबाब[3]
दूर तक मौज के रोने की सदा आती है
यक-ब-यक फिर यही टूटी हुई बिखरी हुई मौज
इक नई मौज में ढलने को पलट जाती है

हवा की नर्म-ख़िरामी[4] भी क्या क़यामत है
कि उसकी याद उमड़ आई है घटा की तरह
मैं उसको सोच तो सकता हूँ, छू नहीं सकता
वो मेरे सामने मौजूद है—ख़ुदा की तरह

रंग-ओ-हर्फ़-ओ-सदा[5] की दुनिया में
ज़िंदगी क़त्ल हो गई है कहीं
मर गया लफ़्ज़, उड़ गया मफ़हूम[6]
और आवाज़ खो गई कहीं

1. जंगल 2. संसार-भर 3. जोर 4. धीमी चाल 5. चित्रकला, लेखन और गायन 6. अर्थ

अहमद फ़राज़

अहमद फ़राज़ 12 दिसंबर, 1931 को नौशेहरा में पैदा हुए। लेकिन ज़्यादातर ज़िंदगी पेशावर में गुज़री। पिता सय्यद मोहम्मद शाह परख (आग़ा परख) पेशावर यूनीवर्सिटी में पढ़ाते थे।

फ़राज़ की शायरी की शुरुआत एक दिलचस्प हादसे से हुई। वे 10वीं कक्षा में पढ़ते थे तो पेशावर में कपड़ों की एक सेल लगी। इंग्लिश कपड़ा उन दिनों बहुत महँगा था। फ़राज़ के पिता कपड़ा ख़रीदने गए तो अपने बड़े बेटे के लिए एक क़ीमती इंग्लिश सूटिंग और फ़राज़ के लिए सस्ता कश्मीरा ख़रीद लाए। फ़राज़ इस भेदभाव को बर्दाश्त न कर सके। उसी वक़्त ये शेर गढ़ा और कपड़े के साथ नत्थी करके वालिद साहब के सिरहाने रख दिया :

जबकि सब के वास्ते लाए हैं कपड़े सेल से
लाए हैं मेरे लिए क़ैदी का कंबल जेल से

प्यार, परिवार, परंपरा की मख़मली तहों में लिपटे अन्याय के विरुद्ध फ़राज़ का ये ग़ुस्सा उनकी शायरी में बार-बार गूँजता है :

अमीर-ए-शह्र फ़क़ीरों को लूट लेता है
कभी ब-हीला-ए-मज़हब कभी ब-नाम-ए-वफ़ा

1951 में रोज़ी की तलाश फ़राज़ को कराची ले आई। चराग़ हसन हसरत ने उन दिनों कराची रेडियो से क़ौमी प्रोग्राम शुरू किया था। इस प्रोग्राम के लिए हर इलाके से एक-एक प्रतिनिधि लिया गया था। सरहद का प्रतिनिधित्व अहमद फ़राज़ ने किया। पर ये प्रोग्राम ज़्यादा देर न चल सका और साल पूरा होने से पहले ही क़ौमी प्रोग्राम के कलाकारों की छुट्टी कर दी गई। फ़राज़ पेशावर आ गए। दुबारा शिक्षा शुरू की। बी.ए. में थे तो कविता संकलन 'तन्हा-तन्हा' प्रकाशित हुआ। 1954 में बी.ए. किया। पेशावर रेडियो में प्रोग्राम प्रोड्यूसर हुए। उर्दू और फ़ारसी में एम.ए. किया और पिता के रिटायर होने पर पेशावर

यूनिवर्सिटी में पढ़ाने लगे। पाकिस्तान नैशनल सेंटर, इस्लामाबाद के डायरेक्टर रहे। सन् 1982 से लंदन में रहे हैं। इंतज़ार करते रहे कि पाकिस्तानी सरकार बदले तो लौटें।

नवंबर 1983 में कैनेडियन उर्दू सोसायटी के टोरंटो मुशायरे के इंटरवल में कॉफ़ी के प्याले पर (फ़राज़ के हाथों में गिलास था) जब मैंने पूछा कि "आपकी मातृभाषा पश्तो है। आपने लिखने के लिए उर्दू का दामन क्यों पकड़ा?" तो जवाब था "मेरे वालिद साहब सय्यद मोहम्मद परख उर्दू और फ़ारसी में शेर कहते थे। मैं भी उनके पदचिह्नों पर चला।" कराची और पेशावर रेडियो नौकरियों के दौरान उन्होंने कई लेख लिखे। पाँच-छह ड्रामे रचे। कहते थे कि फ़ुरसत मिली तो नॉवल भी लिखेंगे।

अहमद फ़राज़ पर फ़ैज़ और नदीम दोनों का असर है। लेकिन वे नदीम से ज़्यादा प्रभावित हैं। उन्होंने नदीम की शायरी में मंतिक़ी और जज़बाती वुजूद[1] की एक-दूसरे से गले मिलने वाली कैफ़ियत[2] को ज़्यादा क़बूल किया है। अहमद फ़राज़ की शायरी तेज़ सुरों का संगीत नहीं, धीमे सुरों का मद्धम आहंग[3] है। उनकी ग़ज़ल शाइस्ता ज़ेह्न[4] की अक्कासी[5] करती है। अहमद फ़राज़ के रचना-विवेक ने चुस्ती और महारत के साथ क्लासिकी अंदाज़ से ग़मे-दौराँ[6] को ग़मे-जानाँ[7] में समेट कर उन्हें वो अंदरूनी आहंग[8] और बेरूनी तंज़ीम[9] बख़्शा है कि आज, बक़ौल फ़िराक़ गोरखपुरी, "अहमद फ़राज़ की शायरी दौर-ए-हाज़िर[10] के लतीफ़ ज़ह्नी रह-ए-अमल[11] का सच्चा नमूना है। उनका कलाम उर्दू शायरी के नए मोड़ के कई नाज़ुक ज़ावियों[12] की लचक और थरथराहटें अपने अंदर रखता है।"

अहमद फ़राज के प्रकाशित संकलन हैं : 1. 'दर्द-आशोब', 2. 'तन्हा-तन्हा', 3. 'शब-ख़ून', 4. 'नायाफ़्त', 5. 'जानाँ-जानाँ'।

25 अगस्त, 2008 को इस्लामाबाद में इनका निधन हो गया।

---

1. अन्वीक्षक और भावुक अस्तित्व 2. दशा 3. राग 4. उत्तम बुद्धि 5. चित्रकारी 6. सांसारिक दुख 7. जीवन का दुख 8. आंतरिक संकल्प 9. बाहरी संघटन 10. आज के युग 11. मानसिक प्रतिक्रिया 12. कोण (बहु)

ग़ज़ल

1

दिल-गिरिफ़्ता[1] ही सही बज़्म सजा ली जाए
याद-ए-जानाँ से कोई शाम न ख़ाली जाए

रफ़्ता-रफ़्ता यही ज़िंदाँ में बदल जाते हैं
अब किसी शह्र की बुनियाद न डाली जाए

मुसहफ़-ए-रुख़[2] है किसी का कि बयाज़-ए-हाफ़िज़[3]
ऐसे चेहरे से कभी फ़ाल[4] निकाली जाए

वो मुरव्वत से मिला है तो झुका दूँ गर्दन
मेरे दुश्मन का कोई वार न ख़ाली जाए

बे-नवा[5] शह्र का साया है मेरे दिल पे फ़राज़
किस तरह से मेरी आशुफ़्ता-ख़याली[6] जाए

---

1. उदास 2. चेहरे की किताब 3. फ़ारसी के प्रसिद्ध कवि हाफ़िज़ का हस्तलिखित संग्रह
4. सगुन 5. कंगाल 6. विचारों का अस्त-व्यस्त होना

2

हर तमाशाई फ़क़त साहिल से मंज़र देखता
कौन दरिया को उलटता, कौन गौहर[1] देखता

वो तो दुनिया को मेरी दीवानगी ख़ुश आ गई
तेरे हाथों में वगर्ना[2] पहला पत्थर देखता

आँख में आँसू जड़े थे पर सदा तुझको न दी
इस तवक़्क़ो[3] पर कि शायद तू पलटकर देखता

मेरी क़िस्मत की लकीरें मेरे हाथों में न थी
तेरे माथे पर कोई मेरा मुक़द्दर देखता

ज़िंदगी फैली हुई थी शाम-ए-हिज्रा की तरह
किसको इतना हौसला था कौन जी कर देखता

डूबने वाला था और साहिल पे चेहरों का हुजूम
पल की मुहलत थी मैं किसको आँख भरकर देखता

तू भी दिल को इक लहू की बूँद समझा है फ़राज़
आँख अगर होती तो क़तरे में समंदर देखता

3

हाथ उठाए हैं मगर लब पे दुआ कोई नहीं
की इबादत भी तो वो जिसकी जज़ा[4] कोई नहीं

ये भी वक़्त आना था, अब तू गोश-बर-आवाज़[5] है
और मेरे बरबत-ए-दिल[6] में सदा[7] कोई नहीं

---

1. मोती 2. अन्यथा 3. आशा 4. अच्छे काम का बदला 5. आवाज़ पर कान लगाए हुए
6. दिल का बरबत (बरबत : एक बाजा जो सितार की तरह होता है) 7. आवाज़

आ कि अब तसलीम कर लें, तू नहीं तो मैं सही
कौन मानेगा कि हममें बेवफ़ा कोई नहीं

वक़्त ने वो ख़ाक उड़ाई है कि दिल के दश्त से
क़ाफ़िले गुज़रे हैं फिर भी नक़्श-ए-पा[1] कोई नहीं

ख़ुद को यूँ महसूर[2] कर बैठा हूँ अपनी ज़ात[3] में
मंज़िलें चारों तरफ़ हैं रास्ता कोई नहीं

कैसे रस्तों से चले और किस जगह पहुँचे फ़राज़
या हुजूम-ए-दोस्ताँ[4] था साथ, या कोई नहीं

4

क्या रुख़सत-ए-यार[5] की घड़ी थी
हँसती हुई रात रो पड़ी थी

हंम ख़ुद ही हुए तबाह वर्ना
दुनिया को हमारी क्या पड़ी थी

ये ज़ख़्म हैं उन दिनों की यादें
जब आपसे दोस्ती बड़ी थी

जाते तो किधर को तेरे वहशी
ज़ंजीर-ए-जुनूँ[6] कड़ी पड़ी थी

दरयूज़ा-गर-ए-हयात[7] बन कर
दुनिया तेरी राह में खड़ी थी

ग़म थे कि फ़राज़ आँधियाँ थीं
दिल था कि फ़राज़ पंखुड़ी थी

---

1. पद-चिह्न 2. घिरा हुआ 3. अस्तित्व 4. दोस्तों की भीड़ 5. यार का बिछुड़ना 6. पागलपन की ज़ंजीर 7. जीवन का भिखारी

5

फ़राज़ अब कोई सौदा[1] कोई जुनूँ[2] भी नहीं
मगर क़रार[3] से दिन कट रहे हों यूँ भी नहीं

लब-ओ-दहन[4] भी मिला गुफ़्तगू[5] का फ़न भी मिला
मगर जो दिल पे गुज़रती है कह सकूँ भी नहीं

न जाने क्यों मेरी आँखें बरसने लगती हैं
जो सच कहूँ तो कुछ ऐसा उदास हूँ भी नहीं

मेरी ज़ुबान की लुकनत[6] से बदगुमाँ[7] न हो
जो तू कहे तो तुझे उम्र भर मिलूँ भी नहीं

दुखों के ढेर लगे हैं कि लोग बैठे हैं
इसी दयार[8] का मैं भी हूँ और हूँ भी नहीं

फ़राज़ जैसे दिया क़ुर्बत-ए-हवा[9] चाहे
वो पास आए तो मुमकिन है मैं रहूँ भी नहीं

6

अपनी ही आवाज़ को बेशक कान में रखना
लेकिन शह्र की ख़ामोशी भी ध्यान में रखना

मेरे झूठ को तोड़ो भी और खोलो भी तुम
लेकिन अपने सच को भी मीज़ान[10] में रखना

कल तारीख़ यक़ीनन ख़ुद को दोहराएगी
आज के इक-इक मंज़र[11] को पहचान में रखना

---

1. मानसिक विकार 2. पागलपन 3. चैन 4. होंठ और मुँह 5. बातचीत 6. हकलाहट 7. किसी की ओर बुरी धारणा रखना 8. स्थान 9. हवा का सामीप्य 10. तराज़ू 11. दृश्य

बज़्म में यारों की शमशीर के जौहर देखो
रज़्म[1] में लेकिन तलवारों को मियान में रखना

इस दरिया से आगे एक समंदर भी है
और वो बेसाहिल[2] है ये भी ध्यान में रखना

इस मौसम में गुलदानों की रस्म कहाँ है
लोगो अब फूलों को आतिशदान[3] में रखना

7

जानाँ दिल का शह्र, नगर अफ़सोस का है
तेरा-मेरा सारा सफ़र अफ़सोस का है

इस चाहत से ज़ह्र-ए-तमन्ना[4] माँगा था
और अब हाथों में साग़र अफ़सोस का है

इक दहलीज़ पे जा कर दिल ख़ुश होता था
अब तो शह्र में हर इक दर अफ़सोस का है

हमने इश्क़ गुनाह से बरतर[5] जाना था
और दिल पर पहला पत्थर अफ़सोस का है

क़ुर्बत[6] के इस पेड़ की शाख़ों पर देखो
फूल उदासी का है समर[7] अफ़सोस का है

हार के दुख से पछतावा बढ़कर है फ़राज़
दुख का नहीं अफ़सोस मगर अफ़सोस का है

1. युद्ध 2. निरर्थक 3. अँगीठी 4. अभिलाषा का विष 5. उत्तम 6. सामीप्य 7. फल

8

न हरीफ़-ए-जाँ न शरीक-ए-ग़म शब-ए-इंतज़ार कोई तो हो
किसे बज़्म-ए-शौक़ में लाएँ हम दिल-ए-बेक़रार कोई तो हो

किसे ज़िंदगी है अज़ीज़ अब, किसे आरज़ू-ए-शब-ए-तरब
मगर ऐ निगार-ए-वफ़ा-तलब[1] तेरा ऐतिबार कोई तो हो

कहीं तार-ए-दामन-ए-गुल[2] मिले तो ये मान लें कि चमन खिले
कि निशान फ़स्ल-ए-बहार का सर-ए-शाख़सार[3] कोई तो हो

ये उदास-उदास-से बाम-ओ-दर[4], ये उजाड़-उजाड़-सी रहगुज़र
चलो हम नहीं, न सही, मगर सर-ए-कू-ए-यार कोई तो हो

ये सुकून-ए-जाँ की घड़ी ढले तो चराग़-ए-दिल ही न बुझ चले
वो बला से हो ग़म-ए-इश्क़ या ग़म-ए-रोज़गार कोई तो हो

सर-ए-मक़तल-ए-शब-ए-आरज़ू[5] रहे कुछ तो इश्क़ की आबरू
जो नहीं अदू[6] तो फ़राज़ तू कि नसीबदार कोई तो हो

9

दिल तो वो बर्ग-ए-ख़िज़ाँ[7] है कि हवा ले जाए
ग़म वो आँधी है कि सहरा भी उड़ा ले जाए

कौन लाया तेरी महफ़िल में हमें होश नहीं
कोई आए तेरी महफ़िल से उठा ले जाए

और से और हुए जाते हैं मेयार-ए-वफ़ा
अब मता-ए-दिल-ओ-जाँ[8] भी कोई क्या ले जाए

---

1. प्रेम की चाह करने वाली मूर्ति 2. फूलों का सिलसिला 3. पेड़ों में 4. खिड़कियाँ और दरवाज़े 5. आशा की रात के वधस्थान में 6. शत्रु 7. पतझड़ का पत्ता 8. तन-मन की दौलत

जाने कब उभरे तेरी याद का डूबा हुआ चाँद
जाने कब ध्यान कोई हमको उड़ा ले जाए

यही आवारगी-ए-दिल है तो मंज़िल मालूम
जो भी आए तेरी बातों में लगा ले जाए

दश्त-ए-ग़ुरबत[1] में तुम्हें कौन पुकारेगा फ़राज़
चल पड़ो ख़ुद ही जिधर दिल की सदा ले जाए

10

न इंतज़ार की लज़्ज़त न आरज़ू की थकन
बुझी हैं दर्द की शमाएँ कि सो गया है बदन

सुलग रही हैं न जाने किस आँच से आँखें
न आँसुओं की तलब है न रतजगों की जलन

दिल-ए-फ़रेब-ज़दा[2] दावत-ए-नज़र[3] पे न जा
ये आज के क़द-ओ-गेसू[4] हैं कल के दार-ओ-रसन[5]

ग़रीब-ए-शहर[6] किसी साया-ए-शजर[7] में न बैठ
कि अपनी छाँव में ख़ुद जल रहे हैं सर्व-ओ-समन[8]

बहार-ए-क़ुर्ब[9] से पहले उजाड़ देती हैं
जुदाइयों की हवाएँ मुहब्बतों के चमन

वो एक रात गुज़र भी गई मगर अब तक
बिसाल-ए-यार[10] की लज़्ज़त से टूटता है बदन

---

1. परदेस का जंगल 2. धोखा खाया हुआ दिल 3. नज़र का निमंत्रण 4. आकार और केश 5. सूली और रस्सी 6. परदेसी 7. पेड़ की छाया 8. सरो का पेड़ और फूल 9. सामीप्य के वसंत 10. प्रेमिका का मिलन

फिर आज शब तेरे क़दमों की चाप के हमराह
सुनाई दी है दिल-ए-नामुराद की धड़कन

ये ज़ुल्म देख कि तू जान-ए-शायरी है मगर मेरी
ग़ज़ल में तेरा नाम भी है जुर्म-ए-सुख़न[1]

अमीर-ए-शह्र ग़रीबों को लूट लेता है
कभी ब-हीला-ए-मज़हब[2] कभी ब-नाम-ए-वतन[3]

हवा-ए-दह्र[4] से दिल का चराग़ क्या बुझता
मगर फ़राज़ सलामत है यार का दामन

11

ऐसे चुप हैं कि ये मंज़िल भी कड़ी हो जैसे
तेरा मिलना भी जुदाई की घड़ी हो जैसे

अपने ही साए से हर गाम लरज़ जाता हूँ
रास्ते में कोई दीवार खड़ी हो जैसे

कितने नादाँ हैं तेरे भूलने वाले कि तुझे
याद करने के लिए उम्र पड़ी हो जैसे

तेरे माथे की शिकन पहले भी देखी थी मगर
ये गिरह अबके मेरे दिल में पड़ी हो जैसे

मंज़िलें दूर भी हैं मंज़िलें नज़दीक भी हैं
अपने ही पाँव में ज़ंजीर पड़ी हो जैसे

आज दिल खोल के रोए हैं तो यूँ ख़ुश हैं फ़राज़
चंद लम्हों की ये राहत भी बड़ी हो जैसे

---

1. शायरी का अपराध 2. धर्म के बहाने 3. देश के नाम पर 4. ज़माने की हवा

12

अबके रुत बदली तो ख़ुशबू का सफ़र देखेगा कौन
ज़ख़्म फूलों की तरह महकेंगे पर देखेगा कौन

देखना सब रक़्स-ए-बिस्मिल[1] में मगन हो जाएँगे
जिस तरफ़ से तीर आएगा उधर देखेगा कौन

ज़ख़्म जितने भी थे सब मंसूब[2] क़ातिल से हुए
तेरे हाथों के निशाँ ऐ चारागर[3] देखेगा कौन

वो हवस हो या वफ़ा हो बात महरूमी की है
लोग तो फल-फूल देखेंगे शजर[4] देखेगा कौन

मेरी आवाज़ों के साए मेरे बाम-ओ-दर पे हैं
मेरे लफ़्ज़ों में उतर कर मेरा घर देखेगा कौन

हम चराग़-ए-शब ही जब ठहरे तो फिर क्या सोचना
रात थी किसका मुक़द्दर और सहर देखेगा कौन

आ फ़सील-ए-शह्र से देखें ग़नीम-ए-शह्र[5] को
शह्र जलता हो तो तुझको बाम[6] पर देखेगा कौन

हर कोई अपनी हवा में मस्त फिरता है फ़राज़
शह्र-ए-ना-पुरसाँ[7] में तेरी चश्म-ए-तर[8] देखेगा कौन

13

जो रंजिशें थीं जो दिल में ग़ुबार था न गया
कि अबकी बार गले मिल के भी गिला न गया

अब उसके वादा-ए-फ़र्दा[9] को भी तरसते हैं
कल उसकी बात पे क्यों ऐतिबार आ न गया

---

1. घायल का नाच 2. संबंधित 3. चिकित्सक 4. पेड़ 5. शहर का शत्रु 6. खिड़की 7. जिस शहर में पूछने वाला कोई न हो 8. भीगी आँख 9. कल का वादा

अब उसके हिज्र में रोएँ न वस्ल में ख़ुश हैं
वो दोस्त हो भी तो समझो कि दोस्ताना गया

निगाह-ए-यार का क्या है हुई-हुई न हुई
ये दिल का दर्द है प्यारे गया-गया न गया

सभी को जान थी प्यारी सभी थे लब-बस्ता[1]
बस इक फ़राज़ था, ज़ालिम से चुप रहा न गया

14

कहा था किसने कि अह्द-ए-वफ़ा करो उससे
जो यूँ किया है तो फिर क्यों गिला करो उससे

नसीब फिर कोई तक़रीब-ए-क़ुर्ब हो कि न हो
जो दिल में हो वही बातें कहा करो उससे

ये अह्ल-ए-बज़्म तुनक-हौसला सही फिर भी
ज़रा फ़साना-ए-दिल इब्तिदा करो उससे

यह क्या कि तुम ही ग़म-ए-हिज्र के फ़साने कहो
कभी तो उसके बहाने सुना करो उससे

फ़राज़ तर्क-ए-तअल्लुक़ तो ख़ैर क्या होगा
यही बहुत है कि कम-कम मिला करो उससे

15

अब्र-ए-बहार अब के भी बरसा परे-परे
गुलशन उजाड़-उजाड़ है जंगल हरे-हरे

जाने ये तश्नगी है हवस है कि ख़ुदकुशी
जलते हैं शाम ही में जो साग़र भरे-भरे

1. मौन

है दिल की मौत अह्द-ए-वफ़ा[1] की शिकस्तगी[2]
फिर भी जो कोई तर्क-ए-मुहब्बत करे-करे

अब अपना दिल भी शह्र-ए-ख़मोशाँ से कम नहीं
सुन हो गए हैं कान सदा पर धरे-धरे

रहते हैं अह्ल-ए-शह्र के साए से दूर-दर
हम आहुआन-ए-दश्त[3] की सूरत डरे-डरे

गुल बन के फूटता है लहू शाख़सार से
ज़ख़्म-ए-रग-ए-बहार हैं पत्ते हरे-हरे

ज़िंदा-दिलान-ए-शह्र[4] को क्या हो गया फ़राज़
आँखें बुझी-बुझी हैं तो चेहरे मरे-मरे

ख़्वाब मरते नहीं

ख़्वाब मरते नहीं
ख़्वाब दिल हैं न आँखें न साँसें कि जो
रेज़ा-रेज़ा[5] हुए तो बिखर जाएँगे
जिस्म की मौत से ये भी मर जाएँगे
ख़्वाब मरते नहीं
ख़्वाब तो रौशनी हैं नवा[6] हैं हवा हैं
जो काले पहाड़ों से रुकते नहीं
ज़ुल्म के दोज़ख़ों से भी फुकते नहीं
रौशनी और नवा और हवा के अलम

---

1. प्रेम की प्रतिज्ञा 2. टूटना 3. जंगल के हिरन 4. शहर के हर समय प्रसन्न रहने वालों 5. कण-कण 6. आवाज़

मक़्तलों[1] में पहुँच कर भी झुकते नहीं
ख़्वाब तो हर्फ़[2] हैं
ख़्वाब तो नूर[3] हैं
ख़्वाब सुकरात[4] हैं
ख़्वाब मंसूर हैं

वो तो सब दर्द के लम्हे थे

वो तो इक ख़्वाब-ए-परीशाँ था जो मैंने देखा
वो तो सब दर्द के लम्हे थे
जो मुझ पर गुज़रे

मेरे वीरान मह-ओ-साल[5]
मेरे शाम-ओ-सहर[6]
मेरी मजरूह[7] मुहब्बत—मेरी दरमाँ-तलबी[8]
सर-ए-दहलीज़-ए-रकीबाँ[9]
मेरी दरयूज़ा-गरी[10]

आँख में अश्क[11] नदामत[12] के
तो चेहरे पे फ़िशार-ए-दिल-ओ-जाँ[13]
मेरा माज़ी[14] भी अँधेरा
मेरा फ़र्दा भी धुआँ[15]

मैं कहाँ ढूँढता
खोई हुई हस्ती[16] के निशाँ

---

1. वधस्थान 2. अक्षर 3. रौशनी 4. एक वली (महात्मा) जिन्होंने 'अनलहक़' (मैं ईश्वर हूँ) कहा था और इस अपराध में उनकी गरदन काटी गई थी 5. महीने और साल 6. शाम और सुबह 7. घायल 8. इलाज की इच्छा 9. रक़ीबों की दहलीज़ पर 10. भीख माँगना 11. आँसू 12. पछतावा 13. दिल और जान का निचोड़ 14. भूतकाल 15. आने वाला कल 16. जीवन

तू यहाँ था न वहाँ
वो तो सब दर्द के लम्हे थे
जो मुझ पर गुज़रे

फिर ये क्यों है
कि मेरा जिस्म मेरा ख़ूँ
हुआ ख़ाकिस्तर[1]
कौन इस दर्द के दोज़ख़[2] में
मह-ओ-साल तलक जलके भी
इस्तादा[3] रहा
ज़िंदा रहने पर मुसिर[4]
और नई ज़ीस्त[5] का दिलदादा[6] रहा
नई सज-धज से बसर करने पे आमादा रहा
बस इसी दर्द के दोज़ख़ का रहा हूँ ईंधन
अब जो उभरा हूँ तो इस आग से कुंदन हो कर
मैंने इस हुस्न को पाया है बहुत कुछ खो कर
अपने बिखरे हुए पिंदार[7]
का रेज़ा-रेज़ा
चुन रहा हूँ शब-ए-सहरा[8] से सितारों की तरह
अपने मलबूस-ए-दरीदा[9] के परीशाँ[10] टुकड़े
जुंबिश-ए-सोज़न-ए-उम्मीद[11] की ख़य्याती[12] से
सी रहा हूँ कि मेरा इस्म[13] बरहना[14] न रहे
मेरे देरीना[15] हरीफ़ों[16] के लबों पर कोई ताना न रहे
मुझ पे क़र्ज़-ए-जान-ओ-ग़म-ए-दुनिया[17] न रहे
वो तो सब दर्द के लम्हे थे
जो मुझ पर गुज़रे

---

1. राख 2. नर्क 3. सीधा खड़ा हुआ 4. ज़िद करने वाला 5. जीवन 6. मोहित 7. कल्पना 8. रेगिस्तान की रात 9. फटे हुए कपड़े 10. बिखरे हुए 11. आशा की सूई की हरकत 12. कपड़ा सीना 13. नाम 14. नंगा 15. पुराने 16. दुश्मनों 17. दुनिया का दुख और जीवन का क़र्ज़

और अब मैं नए मौसम में
किसी शोला-ए-बेबाक[1] किसी परचम-ए-पर्रां[2] की तरह
कुर्रा-ए-ख़ाक[3] में लहराने लगा हूँ फिर से
ऐ मेरे लम्हा-ए-आइंदा[4] मेरे शौक़ के फ़र्दा[5]
तेरी मंज़िल की तरफ़ आने लगा हूँ फिर से
अपने ख़ाशाक[6] को
अंगार से चमकाने लगा हूँ फिर से

रुबाई

जब रूह किसी बोझ से थक जाती है
एहसास की लौ और भड़क जाती है
मैं बढ़ता हूँ ज़िंदगी की जानिब लेकिन
ज़ंजीर-सी पाँव में छनक जाती है

---

1. निडर लपट 2. लहराता हुआ झंडा 3. भूमंडल 4. आने वाला क्षण 5. आने वाला कल
6. घास-फूस

इफ़्तिख़ार आरिफ़

इफ़्तिख़ार आरिफ़ का जीवन परिचय तो नहीं मिलता। लेकिन उनकी कविताओं के महत्त्व का अंदाज़ा उनके समकालीन लेखकों की राय से लगाया जा सकता है।

फ़ैज़ अहमद फ़ैज़ ने इफ़्तिख़ार आरिफ़ के पहले संकलन 'मेह्‌-ए-दो-नीम' के बारे में लिखा है, "हम समझते हैं कि किसी मुसन्निफ़[1] का मक़ाम[2] या उसकी तस्नीफ़ की क़द्र-ओ-क़ीमत[3] मुस्तक़बिल[4] से क़त्अ-नज़र[5] उसी वक़्त मुतअय्यन[6] हो जानी चाहिए जब वो ज़हूर[7] में आए। चुनांचे इफ़्तिख़ार आरिफ़ बड़े होकर क्या करेंगे या नहीं करेंगे ये मौसीक़ी[8] की इस्तलाह[9] में उनके रियाज़ पर है। अगर कुछ नहीं करेंगे तो ये उनकी नालायक़ी होगी। लेकिन वो और कुछ न भी करें तो भी ये किताब जदीद अदब[10] में उन्हें एक मोतबर मक़ाम[11] दिलवाने के लिए बहुत काफ़ी है।"

सलीम अहमद का कहना था, "इफ़्तिख़ार आरिफ़ मेरे लिए एक इंतज़ार का नाम है। एक शायर का इंतज़ार जिसे मैं पूरे आदमियों की फ़ेहरिस्त[12] में रख सकूँ। इफ़्तिख़ार आरिफ़ के कलाम को पढ़कर अंदाज़ा होता है कि अपनी नस्ल के शायरों में वो सबसे संजीदा[13] शायर है और अपने मवाद[14] और फ़न[15] दोनों में एक ऐसी पुख़्तगी का इज़हार करते हैं जो दूसरों में नायाब[16] नहीं तो कमयाब[17] ज़रूर है। वो आम शायरों की तरह अपने तजुरबे के किसी जुज़्वी[18] इज़हार पर क़नाअत[19] नहीं करते बल्कि अपना पूरा तजुरबा लिखने की कोशिश करते हैं। उसकी नज़ाकतों और पेचीदगियों के साथ उसे समेटते हैं। इफ़्तिख़ार आरिफ़ की शायरी एक ऐसे शख़्स की शायरी है जो सोचना, महसूस करना और बोलना जानता है। जबकि उसके हमअस्रों[20] में बेशतर[21] का अलमिया[22] ये है कि या तो

---

1. लेखक 2. स्थान 3. मूल्य 4. भविष्य 5. अतिरिक्त 6. निश्चित 7. प्रकट 8. संगीत 9. शब्दावली 10. आधुनिक साहित्य 11. विश्वस्त स्थान 12. सूची 13. गंभीर 14. सामग्री 15. कला 16. अप्राप्य 17. जो कम मिल सके 18. थोड़ा 19. थोड़ी-सी चीज़ पर संतोष 20. समकालीनों 21. अधिकतर 22. त्रासदी

वो सोच नहीं सकते या वो महसूस नहीं कर सकते। और सोच और एहसास से काम ले सकते हैं तो बोलने की क़ुदरत नहीं रखते।"

कैफ़ी आज़मी लिखते हैं, "पाकिस्तान में सबसे बड़ी दौलत जिसको मैं कस्टम आफ़ीसरों की नज़र बचा के ड्यूटी दिये बग़ैर निकाल लाया वो पाकिस्तान की नई शायरी और नई आवाज़ है। इसी नई शायरी और नई आवाज़ का नाम है इफ़्तिख़ार आरिफ़। इफ़्तिख़ार आरिफ़ का फ़न मुझे बहैसियत मजमूई[1] पसंद है लेकिन सबसे ज़्यादा जिस ख़ूबी ने मुझे उनका गिरवीदा[2] बनाया वो इफ़्तिख़ार का खरा लहजा है। पिछले चंद बरसों में हमारे दरमियानी तबक़े के नक़्क़ादों[3] ने, जो तरह-तरह की आसाबी[4] बीमारियों का शिकार हैं, तरक़्क़ीपसंद शायरों के लहजे की सलाबत[5] और धनगरज के ख़िलाफ़ इतना शोर मचाया कि बहुत से नौजवानों ने अपने लहजे के बाँकपन को एक तरह की इन्फ़िआलियत[6] से बदल लिया। इफ़्तिख़ार आरिफ़ ने हर हालत में अपने लहजे के बाँकपन को न सिर्फ़ ये कि बाक़ी रखा बल्कि उनके एहसास की शिद्दत, जज़्बे के ख़ुलूस और शऊर की हिद्दत[7] ने उस पर नई धार रख दी है।"

1. पूरे तौर पर 2. मुग्ध 3. आलोचकों 4. स्नायु संबंधी 5. कठोरता 6. संकोच 7. विवेक की उग्रता

बारहवाँ खिलाड़ी

ख़ुशगवार मौसम में
अनगिनत तमाशाई
अपनी-अपनी टीमों को
दाद देने आते हैं
अपने-अपने प्यारों का
हौसला बढ़ाते हैं
मैं अलग-थलग सबसे
बारहवें खिलाड़ी को
हूट करता रहता हूँ
बारहवाँ खिलाड़ी भी
क्या अजब खिलाड़ी है
खेल होता रहता है
शोर मचता रहता है
दाद पड़ती रहती है
और वो अलग सबसे
इंतज़ार करता है
एक ऐसी साअत का
एक ऐसे लम्हे का
जिसमें सानिहा[1] हो जाए
फिर वो खेलने निकले

---

1. घटना

तालियों के झुरमुट में
एक जुमला-ए-ख़ुश-कुन[1]
एक नारा-ए-तहसीन[2]
उसके नाम पर हो जाए
सब खिलाड़ियों के साथ
वो भी मोतबर[3] हो जाए
पर ये कम ही होता है
फिर भी लोग कहते हैं
खेल से खिलाड़ी का
उम्र-भर का रिश्ता है
उम्र-भर का ये रिश्ता
छूट भी तो सकता है
आख़िरी विसिल के साथ
डूब जाने वाला दिल
टूट भी तो सकता है
तुम भी इफ़्तिख़ार आरिफ़
बारहवें खिलाड़ी हो
इंतज़ार करते हो
एक ऐसे लम्हे का
एक ऐसी साअत[4] का
जिसमें हादिसा हो जाए
जिसमें सानिहा हो जाए
तुम भी इफ़्तिख़ार आरिफ़
तुम भी डूब जाओगे
तुम भी टूट जाओगे

---

1. प्रसन्न कर देने वाला वाक्य 2. प्रशंसापूर्ण नारा 3. विश्वस्त 4. क्षण घड़ी, समय-खंड

ग़ज़ल

1

वही प्यास है वही दश्त[1] है वही घराना है
मश्कीज़े[2] से तीर का रिश्ता बहुत पुराना है

सुबह-सवेरे रन पड़ना है और घमसान का रन
रातों-रात चला जाए जिस-जिसको जाना है

एक चराग़ और एक किताब और एक उम्मीद असासा[3]
इसके बाद तो जो कुछ है वो सब अफ़साना है

दरिया पर क़ब्ज़ा था जिसका उसकी प्यास अज़ाब[4]
जिसकी ढालें चमक रही थीं वही निशाना है

कासा-ए-शाम[5] में सूरज का सर और आवाज़-ए-अज़ान[6]
और आवाज़-ए-अज़ाँ कहती है फ़र्ज़ निभाना है

सब कहते हैं और कोई दिन ये हंगामा-ए-दह्र[7]
दिल कहता है एक मुसाफ़िर और भी आना है

एक जज़ीरा[8] उसके आगे-पीछे सात समंदर
सात समंदर पार सुना है एक ख़ज़ाना है

---

1. जंगल 2. जिसमें तीर रखा जाता है 3. पूँजी 4. पाप कष्ट 5. सूर्यास्त के समय शाम की लाली 6. अज़ान की आवाज़ 7. दुनिया का शोर 8. द्वीप

2

मेरे ख़ुदा मुझे इतना तो मोतबर[1] कर दे
मैं जिस मकान में रहता हूँ उसको घर कर दे

ये रौशनी के तआक़ुब[2] में भागता हुआ दिन
जो थक गया है तो अब उसको मुख़्तसर[3] कर दे

मैं ज़िंदगी की दुआ माँगने लगा हूँ बहुत
जो हो सके तो दुआओं को बे-असर कर दे

सितारा-ए-सहरी[4] डूबने को आया है
ज़रा कोई मेरे सूरज को बा-ख़बर[5] कर दे

क़बीला-वार कमानें कड़कने वाली हैं
मेरे लहू की गवाही मुझे निडर कर दे

मैं अपने ख़्वाब से कट कर जियूँ तो मेरा ख़ुदा
उजाड़ दे मेरी मिट्टी को दर-ब-दर कर दे

मेरी ज़मीन मेरा आख़िरी हवाला है
सो मैं रहूँ न रहूँ इसको बार-वर कर दे

3

समंदर इस क़दर शोरीदा-सर[6] क्यों लग रहा है
किनारे पर भी हमको इतना डर क्यों लग रहा है

वो जिसकी जुरअत-ए-परवाज़[7] के चर्चे बहुत थे
वही ताइर[8] हमें बे-बाल-ओ-पर[9] क्यों लग रहा है

1. विश्वस्त 2. पीछा करना 3. संक्षिप्त 4. प्रात:कालीन तारा 5. सचेत 6. दीवाना 7. उड़ने का साहस 8. पक्षी 9. बिना बालों और पंखों वाला

वो जिसके नाम से रौशन थे मुस्तक़बिल[1] के सब ख़्वाब
वही चेहरा हमें ना-मोतबर[2] क्यों लग रहा है

बहारें जिसकी शाख़ों से गवाही माँगती थीं
वही मौसम हमें अब बे-समर क्यों लग रहा है

दर-ओ-दीवार इतने अजनबी क्यों लग रहे हैं
ख़ुद अपने घर में आख़िर इतना डर क्यों लग रहा है

4

हिज्र की धूप में छाँव जैसी बातें करते हैं
आँसू भी तो माओं जैसी बातें करते हैं

रस्ता देखने वाली आँखों के अनहोने ख़्वाब
प्यास में भी दरियाओं जैसी बातें करते हैं

ख़ुद को बिखरते देखते हैं कुछ कर नहीं पाते हैं
फिर भी लोग ख़ुदाओं जैसी बातें करते हैं

एक ज़रा-सी जोत के बल पर अँधियारों से बैर
पागल दिये हवाओं जैसी बात करते हैं

रंग से ख़ुशबुओं का नाता टूटता जाता है
फूल से लोग ख़िज़ाओं जैसी बातें करते हैं

हमने चुप रहने का अह्द किया है और कम-ज़र्फ़[3]
हमसे सुख़न-आराओं[4] जैसी बातें करते हैं

1. भविष्य 2. अविश्वस्नीय 3. तुच्छ 4. कवि

5

अज़ाब[1] ये भी किसी और पर नहीं आया
कि एक उम्र चले और घर नहीं आया

उस एक ख़्वाब की हसरत में जल बुझी आँखें
वो एक ख़्वाब कि अब तक नज़र नहीं आया

करें तो किससे करें ना-रसाइयों[2] का गिला
सफ़र तमाम हुआ हमसफ़र नहीं आया

दिलों की बात बदन की ज़बाँ से कह देते
ये चाहते थे मगर दिल इधर नहीं आया

अजीब ही था मेरे दौर-ए-गुमरही[3] का रफ़ीक़
बिछड़ गया तो कभी लौटकर नहीं आया

हरीम-ए-लफ़्ज़[4]-ओ-मआनी से निस्बतें भी रहीं
मगर सलीक़ा-ए[5]-अर्ज़-ए-हुनर नहीं आया

6

थकन तो अगले सफ़र के लिए बहाना था
उसे तो यूँ भी किसी और सम्त जाना था

वही चराग़ बुझा जिसकी लौ क़यामत थी
उसी पे ज़र्ब[6] पड़ी जो शजर[7] पुराना था

मताए[8]-जाँ का बदल एक पल की सरशारी[9]
सुलूक ख़्वाब का आँखों से ताजिराना[10] था

---

1. पापदंड 2. पहुँच न होना 3. मार्ग भूलने का दौर 4. शब्दार्थ की चारदीवारी 5. कौशल को दिखाने की निपुणता 6. चोट 7. पेड़ 8. प्राण-संपत्ति 9. मस्ती 10. व्यापारिक

हवा की काट शगूफ़ों[1] ने जज़्ब[2] कर ली थी
तभी तो लहजा-ए-ख़ुशबू[3] भी जारिहाना[4] था

वही फ़िराक़[5] की बातें वही हिकायत-ए-वस्ल[6]
नई किताब का एक-इक वरक़ पुराना था

क़बा-ए-ज़र्द निगार[7]-ए-ख़िज़ाँ[8] पे सजती थी
तभी तो चाल का अंदाज़ ख़ुस्रवाना[9] था

7

इश्क़ कैसा कि भरोसा भी नहीं था शायद
उससे मेरा कोई रिश्ता भी नहीं था शायद

ख़ल्क़त-ए-शह्र में जिस हार के चर्चे हैं बहुत
मैं वो बाज़ी कभी खेला भी नहीं था शायद

ज़ीस्त करने के सब आदाब उसे अज़बर थे
मुझको मरने का सलीक़ा भी नहीं था शायद

ख़ाक उड़ाते हुए बाज़ारों में देखा सबने
मैं कभी घर से निकलता भी नहीं था शायद

उसकी आँखों में बसारत थी नए ख़्वाबों की
मैं उसे देख के चौंका भी नहीं था शायद

एक बादल कि मेरे नाम से मंसूब[10] हुआ
मेरे सहरा में तो बरसा भी नहीं था शायद

---

1. डालियाँ 2. सोख लेना 3. सुगंध का स्वर 4. प्रहारक 5. वियोग 6. मिलन की कथा 7. पीले वस्त्र 8. पतझड़ की प्रतिभा 9. सम्राट जैसा 10. समर्पित

अशआर

कोई तो है जो परिंदों को बाल-ओ-पर देकर
ज़मीं की क़ैद से आज़ाद भी नहीं करता

तुमसे बिछड़कर ज़िंदा हैं
जान! बहुत शर्मिंदा हैं

बुलंद हाथों में ज़ंजीर डाल देते हैं
अजीब रस्म चली है दुआ न माँगे कोई

पत्थर पर सिर रखकर सोने वाले देखे
हाथों में पत्थर नहीं देखा बहुत दिनों से

क़तील शिफ़ाई

क़तील शिफ़ाई का जन्म 24 दिसंबर, 1919 को हरिपुर, हज़ारा में हुआ। गवर्नमेंट हाईस्कूल, हरिपुर में पढ़ते थे तो पिता की अकाल मृत्यु से स्कूल छूट गया। क़तील ने स्कूली तालीम की कमी निजी अध्ययन से पूरी की। शुरू में शिफ़ा साहब से इस्लाह लेते रहे। फिर अहमद नदीम क़ासमी को रहनुमा बनाया। 13 साल की उम्र में शेर कहना शुरू कर दिया था, लेकिन तख़ल्लुस 1938 में इख़्तियार किया। क़तील शिफ़ाई की प्रारंभिक रचनाएँ कितनी ललित थीं, इसका अंदाज़ा निम्न शेर से लगता है :

गुनगुनाती हुई आती है फ़लक से बूँदें,
कोई बदली तेरी पाजेब से टकराई है।

शब्दों के माध्यम से लयात्मकता की तलाश के बारे में क़तील का कहना है : "मैंने शुरू ही में महसूस कर लिया था कि हुजूम[1] में घिर जाने से कुछ हासिल नहीं होगा। इसीलिए एक सुरीला लहजा और एक ख़ास रंग इख़्तियार करने की कोशिश की। अपने ख़याल को इस तरह मुतरन्निम अलफ़ाज़[2] में ढालने की कोशिश की कि पढ़ने वाला मेरे शेर को बीसियों शेरों में पहचान सके। उस्तादों की ज़मीनों में अच्छा शेर कह लेना और बात है, ख़ुद अपने रंग में शायरी करना बिलकुल अलग बात है।"

किसी ने क़तील से सवाल किया कि क्या हिंदी शब्दों में उर्दू बहरों[3] से ज़्यादा मिठास है। क़तील शिफ़ाई का जवाब था कि जहाँ तक नग़मगी[4] का ताल्लुक है हिंदी बहरों में रंगारंगी बहुत है। हिंदी शायरी में उर्दू के मुकाबले में कई गुना ऐसी बहरें भी मौजूद हैं जो उर्दू छंदों को नकारती हुई चलती हैं।

किंतु ये मतभेद केवल शास्त्रीय व्याकरणाचार्यों के लिए है। क़तील की अपनी शायरी में हिंदी-उर्दू तथा लोकभाषा के सम्मिलित प्रयोगों ने उन्हें साहित्यिक और फ़िल्मी–दोनों तरह के लेखन में सफल बनाया है। क़तील की शैली का सुरीलापन उनकी कविता में भी है और व्यक्तिगत जीवन में भी।

---

1. भीड़ 2. सुरीले शब्द 3. छंदों 4. सुरीलेपन

कविता के साथ-साथ क़तील शिफ़ाई की गद्य रचनाएँ देश विभाजन से पहले 'साक़ी' और उसके बाद अन्य साहित्यिक पत्रिकाओं में छपती रही हैं। क़तील के प्रकाशित संकलन हैं : 'मग़रिब-ज़दा' (मसनवी, 1942); 'हरियाली' (गीत, 1944); 'गजर' (शायरी, 1950); 'जलतरंग' (1955); 'रौज़न' (1955); 'झूमर' (गीतों का संकलन, 1960); 'मुतरिबा' (नज़्में, 1965, इस संकलन पर आदमजी इनाम मिला); 'रंग-रस' (गीतों का संकलन); 'गुलाल' (ग़ज़लें और नज़्में); 'सैल्यूलाइड के जनाज़े' (फ़िल्म इंडस्ट्री पर व्यंग्य कविताएँ); 'संगम' (पंजाबी नज़्मों का उर्दू रूपांतर) और 'आमोख़्ता' (1982)।

11 जुलाई, 2001 को इनका निधन हो गया।

आपबीती

मेरे ख़्वाबों के शबिस्ताँ[1] में उजाला न करो
कि बहुत दूर सवेरा नज़र आता है मुझे
छुप गए हैं मेरी नज़रों से ख़द-ओ-ख़ाल-ए-हयात[2]
हर तरफ़ अब्र घनेरा नज़र आता है मुझे
चाँद-तारे तो वहाँ, अब कोई जुगनू भी नहीं
कितना सफ़्फ़ाक[3] अँधेरा नज़र आता है मुझे

कोई ताबिंदा किरन यूँ मेरे दिल पर लपकी
जैसे सोए हुए मज़लूम[4] पे तलवार उठे
किसी नग़मे की सदा गूँज के यूँ थर्राई
जैसे टूटी हुई पाज़ेब से झंकार उठे
मैंने पलकों को उठाया भी तो आँसू पाए
मुझसे अब ख़ाक जवानी का कोई बार उठे

तुमने रातों में सितारे तो टटोले होंगे
मैंने रातों में अँधेरे ही अँधेरे देखे
तुमने ख़्वाबों के परिस्ताँ तो सजाए होंगे
मैंने माहौल के शब-रंग फरैरे देखे
तुमने इक नार की झंकार तो सुन ली होगी
मैंने गीतों में उदासी के बसेरे देखे

---

1. शयनागार 2. जीवन की रूपरेखा 3. निष्ठुर 4. वो व्यक्ति जिस पर अत्याचार हों

मेरे ग़म-ख़्वार, मेरे दोस्त तुम्हें क्या मालूम!
ज़िंदगी मौत की मानिंद गुज़ारी मैंने
एक बिगड़ी हुई सूरत के सिवा कुछ भी न था
जब भी हालात की तसवीर उतारी मैंने
किसी अफ़्लाक-नशीं[1] ने मुझे धुतकार दिया
जब भी रोकी है मुक़द्दर की सवारी मैंने

मेरे ग़म ख़्वार, मेरे दोस्त तुम्हें क्या मालूम!

ग़ज़ल

1

हर्ब-ए-ज़ुबाँ को शोला-नवा[2] कह लिया करो
यारो, सुकूत[3] ही को सदा[4] कह लिया करो

ख़ुद को फ़रेब दो कि न हो तल्ख़ ज़िंदगी
हर संगदिल को जान-ए-वफ़ा कह लिया करो

गर चाहते हो, ख़ुश रहें कुछ बंदगान-ए-ख़ास[5]
जितने सनम हैं, उनको ख़ुदा कह लिया करो

यारो ये दौर, ज़ोफ़-ए-वसारत[6] का दौर है
आँधी उठे तो उसको घटा कह लिया करो

इंसान का अगर क़द-ओ-कामत[7] न बढ़ सके
तुम उसको नुक़्स-ए-आब-ओ-हवा[8] कह लिया करो

---

1. ईश्वर 2. जिसकी आवाज़ में आग हो 3. मौन 4. आवाज़ 5. विशेष उपासक 6. दृष्टि की कमज़ोरी 7. डील-डौल 8. जलवायु का दोष

अपने लिए अब एक ही राह-ए-नजात[1] है
हर ज़ुल्म को रज़ा-ए-ख़ुदा[2] कह लिया करो

दिखलाए जा सके जो न काँटे ज़ुबान के
तुम दास्तान-ए-कर्ब-ओ-बला[3] कह लिया करो

ले देके अब यही है निशान-ए-ज़िया[4] क़तील
जब दिल जले तो उसको दिया कह लिया करो

2

सहमा-सहमा-सा एक साया, महकी-महकी-सी इक चाप
पिछली रात मेरे आँगन में आ पहुँचे वो अपने-आप

ज़िक्र करें वो और किसी का बीच में आए मेरा नाम
उनके होंटों पर है अब तक मेरे प्यार की गहरी छाप

अँधियारों की दीवारों को फाँद के चाँद कहाँ पहुँचा
जहाँ पिया का आना मुश्किल और पलक झपकाना पाप

बात करें तो रख देते हैं लोग ज़ुबाँ पर अंगारे
झूठ है मेरा कहना तो फिर सच ख़ुद बोल के देख लें आप

ऊँघने वालों की आँखों में काँटा बन कर नींद चुभे
प्यारे साथी इस महफ़िल में कोई ऐसा राग अलाप

जो भी देखे नफ़रत से मुँह फेर के आगे बढ़ जाए
ये जीवन है या रस्ते में पड़ा हुआ बालक बिन बाप

गली-गली आवारा अब तू मारा-मारा फिरे क़तील
कहते हैं इक देवी की आँखों ने उसको दिया शराप

---

1. मुक्ति का रास्ता 2. ईश्वर की इच्छा 3. दुखों की कहानी 4. रौशनी का चिह्न

3

नामाबर अपना हवाओं को बनाने वाले
अब न आएँगे पलट कर कभी जाने वाले

क्या मिलेगा तुझे बिखरे हुए ख़्वाबों के सिवा
रेत पर चाँद की तसवीर बनाने वाले

मयकदे बंद हुए ढूँढ रहा हूँ तुझको
तू कहाँ है मुझे आँखों से पिलाने वाले

काश ले जाते कभी माँग के आँखें मेरी
ये मुसव्विर तेरी तसवीर बनाने वाले

तू इस अंदाज़ में कुछ और हसीं लगता है
मुझसे मुँह फेर के ग़ज़लें मेरी गाने वाले

सबने पहना था बड़े शौक़ से काग़ज़ का लिबास
जिस क़दर लोग थे बारिश में नहाने वाले

छत बना देते हैं अब रेत की दीवारों पर
कितने ग़ाफ़िल हैं नए शह्र बसाने वाले

अद्ल[1] की तुम न हमें आस दिलाओ कि यहाँ
क़त्ल हो जाते हैं ज़ंजीर हिलाने वाले

किसको होगी यहाँ तौफ़ीक़-ए-अना[2] मेरे बाद
कुछ तो सोचें मुझे सूली पे चढ़ाने वाले

---

1. इंसाफ़ 2. अहम् का सामर्थ्य

मर गए हम ये कत्बे पे लिखा जाएगा
सो गए आप ज़माने को जगाने वाले

दर-ओ-दीवार पे हसरत-सी बरसती है क़तील
जाने किस देस गए प्यार निभाने वाले

4

धूप है, रंग है या सदा है
रात की बंद मुट्ठी में क्या है

छुप गया जब से वो फूल-चेहरा
शह्र का शह्र मुरझा गया है

किसने दी ये दर-ए-दिल पे दस्तक
ख़ुद-ब-ख़ुद घर मेरा बज रहा है

पूछता है वो अपने बदन से
चाँद खिड़की से क्यों झाँकता है

क्यों बुरा मैं कहूँ दूसरों को
वो तो मुझको भी अच्छा लगा है

क़हत[1] बस्ती में है नग़मगी[2] का
मोर जंगल में झनकारता है

वो जो गुमसुम-सा इक शख़्स है ना
आस के कर्ब[3] में मुब्तिला[4] है

---

1. अकाल 2. संगीत 3. दुख 4. ग्रस्त

आशिक़ी पर लगी जब से क़दग़न[1]
दर्द का इर्तिक़ा[2] रुक गया है

दिन चढ़े धूप में सोने वाला
हो न हो रात-भर जागता है

इस क़दर ख़ुश हूँ मैं उससे मिलकर
आज रोने को जी चाहता है

मेरे चारों तरफ़ मसअलों[3] का
एक जंगल-सा फैला हुआ है

दब के बे-रंग जुमलों के नीचे
हर्फ़[4] का बाँकपन मर गया है

बे-सबब उससे मैं लड़ रहा हूँ
ये मुहब्बत नहीं है तो क्या है

गुनगुनाया क़तील उसको मैंने
उसमें अब भी ग़ज़ल का मज़ा है

5

यह मोजज़ा[5] भी मुहब्बत कभी दिखाए मुझे
कि संग[6] तुझ पे गिरे और ज़ख़्म आए मुझे

मैं अपने पाँव तले रौंदता हूँ साए को
बदन मेरा ही सही, दोपहर न भाए मुझे

---

1. प्रतिबंध 2. उन्नति 3. समस्याओं 4. अक्षर 5. चमत्कार 6. पत्थर

ब-रंगे-ऊद[1] मिलेगी उसे मेरी ख़ुशबू
वो जब भी चाहे बड़े शौक़ से जलाए मुझे

मैं घर से तेरी तमन्ना पहन के जब निकलूँ
बरह्ना[2] शह्र में कोई नज़र न आए मुझे

वही तो सबसे ज़्यादा है नुक्ताची[3] मेरा
जो मुस्कुरा के हमेशा गले लगाए मुझे

मैं अपने दिल से निकालूँ ख़याल किस-किसका
जो तू नहीं तो कोई और याद आए मुझे

ज़माना दर्द के सहरा तक आज ले आया
गुज़ार कर तेरी ज़ुल्फ़ों के साए-साए मुझे

वो मेरा दोस्त है सारे जहाँ को है मालूम
दग़ा करे वो किसी से तो शर्म आए मुझे

वो मेहरबाँ है तो इक़रार क्यों नहीं करता
वो बदगुमाँ है तो सौ बार आज़माए मुझे

मैं अपनी ज़ात[4] में नीलाम हो रहा हूँ क़तील
ग़म-ए-हयात से कह दो ख़रीद लाए मुझे

6

ग़ुंचों का रस, कलियों का मस[5] एक ज़माने को ललचाए
हाय मगर वो फूल कि जिस पर काँटों को भी रोना आए

आँसू, एक सुलगता आँसू, ज़ब्त कहाँ तक हाथ बढ़ाए
ये बिस[6] हल्क़ से कैसे उतरे, ये अंगारा कौन जलाए

---

1. अगरबत्ती की तरह 2. नंगा 3. आलोचक 4. अस्तित्व 5. स्पर्श 6. विष

चाँद की मशअल हाथ में लेकर वक़्त कहाँ तक घूम सकेगा
रात का ये ख़ूनी सन्नाटा जाने क्या-क्या रंग दिखाए

यूँ तेरे माहौल में ढलकर अपना आप भुला बैठा हूँ
जैसे टूटे तारे की ज़ौ[1], जैसे ढलते चाँद के साए

रात वही, हालात वही, फिर आज क़तील ये क्या क़िस्सा है
चाँद मेरी उम्मीदों का बेनूर हुआ है बिन गहनाए

7

तुम्हारी अंजुमन से उठ के दीवाने कहाँ जाते
जो वाबस्ता हुए तुमसे, वो अफ़साने कहाँ जाते

निकलकर दैर-ओ-काबा[2] से अगर मिलता न मयख़ाना
तो ठुकराए हुए इंसाँ ख़ुदा जाने कहाँ जाते

तुम्हारी बेरुख़ी ने लाज रख ली बादाख़ाने[3] की
तुम आँखों से पिला देते तो पैमाने कहाँ जाते

चलो अच्छा हुआ काम आ गई दीवानगी अपनी
वगरना हम ज़माने-भर को समझाने कहाँ जाते

क़तील अपना मुक़द्दर ग़म से बेगाना अगर होता
तो फिर अपने पराए हम से पहचाने कहाँ जाते

1. रौशनी 2. बुतख़ाना और कावा 3. शराबख़ाने

8

न बोल इस बज़्म में ऐ दोस्त क्यों दीवाना बनता है
यहाँ तो इक ज़रा-सी बात का अफ़साना बनता है

भला क़ौस-ए-क़ुज़ह[1] क्या है जमाल-ए-यार[2] के आगे
मिलें सौ रंग तो इक जलवा-ए-जानाना[3] बनता है

न होगा और जब कोई तो आ बैठेगा पहलू में
वो दुनिया को दिखाने के लिए बेगाना बनता है

सुलाने आ गए फूलों को फिर झोंके हवाओं के
यही वो मोड़ है गुलशन जहाँ वीराना बनता है

लिपट कर शमा से वो बेइरादा जल गया होगा
वफ़ा का मुद्दई बेसूद क्यों परवाना बनता है

गिनो हमसे अलग जा कर तुम अपनी नेकियाँ वाइज़[4]
तुम्हारा हम गुनहगारों से क्या याराना बनता है

नहीं है रब्त साक़ी से क़तील अपना मगर फिर भी
हमारे प्यार की बुनियाद पर मयख़ाना बनता है

9

दुनिया ने हम पे जब कोई इलज़ाम रख दिया
हमने मुक़ाबिल उसके तेरा नाम रख दिया

इक ख़ास हद पे आ गई जब तेरी बेरुख़ी
नाम उसका हमने गर्दिश-ए-अय्याम[5] रख दिया

---

1. इंद्रधनुष 2. प्रेमिका की सुंदरता 3. प्रेमिका का सौंदर्य 4. धर्मोपदेशक 5. समय का चक्कर

मैं लड़खड़ा रहा हूँ तुझे देख-देखकर
तूने तो मेरे सामने इक जाम रख दिया

कितना सितम-ज़रीफ़[1] है वो साहिब-ए-जमाल
उसने दिया जला के लबे-बाम[2] रख दिया

इंसान और देखे बग़ैर उसको मान ले?
इक ख़ौफ़ का बशर ने ख़ुदा नाम रख दिया

अब जिसके जी में आए वही पाए रौशनी
हमने तो दिल जला के सर-ए-आम रख दिया

क्या मसलहत-शनास[3] था वो आदमी क़तील
मज़बूरियों का जिसने वफ़ा नाम रख दिया

10

निगाहों में ख़ुमार आता हुआ महसूस होता है
तसव्वुर जाम छलकाता हुआ महसूस होता है

ख़िराम-ए-नाज़[4] और उनका ख़िराम-ए-नाज़? क्या कहना
ज़माना ठोकरें खाता हुआ महसूस होता है

ये एहसासे जवानी को छुपाने की हसीं कोशिश
कोई अपने से शर्माता हुआ महसूस होता है

तसव्वुर एक ज़ह्नी जुस्तजू का नाम है शायद
दिल उनको ढूँढकर लाता हुआ महसूस होता है

---

1. जो हँसी-हँसी में अत्याचार करे 2. खिड़की पर 3. चतुर सुजान 4. इठलाती हुई चाल

किसी की नुक़रई[1] पाज़ेब की झंकार के सदक़े
मुझे सारा जहाँ गाता हुआ महसूस होता है

क़तील अब दिल की धड़कन बन गई है चाप क़दमों की
कोई मेरी तरफ़ आता हुआ महसूस होता है

11

इक-इक पत्थर जोड़ के मैंने जो दीवार बनाई है
झाँकूँ उसके पीछे तो रुसवाई ही रुसवाई है

यूँ लगता है सोते-जागते औरों का मोहताज हूँ मैं
आँखें मेरी अपनी हैं पर उनमें नींद पराई है

देख रहे हैं सब हैरत से नीले-नीले पानी को
पूछे कौन समंदर से तुझ में कितनी गहराई है

सब कहते हैं इक जन्नत उतरी है मेरी धरती पर
मैं दिल में सोचूँ शायद कमज़ोर मेरी बीनाई है

बाहर सहन के पेड़ों पर कुछ जलते-बुझते जुगनू थे
हैरत है फिर घर के अंदर किसने आग लगाई है

मैं जब घर से बाहर निकला ख़ुद को शह्र-बदर करने
इक परछाई मुझे मनाने दूर तलक साथ आई है

आने वाली फ़स्ल से पहले गिर गए नर्ख़[2] ज़मीरों के
पहला-सा है क़हत न अब वो पहले-सी महँगाई है

आज हुआ मालूम मुझे इस शह्र के चंद सियानों से
अपनी राह बदलते रहना सबसे बड़ी दानाई[3] है

---

1. चाँदी की 2. भाव 3. बुद्धिमत्ता

तोड़ गए पैमान-ए-वफ़ा इस दौर में कैसे-कैसे लोग
ये मत सोच क़तील कि बस इक यार तेरा हरजाई है

12

पत्थर उसे न जान पिघलता भी देख उसे
ख़ुद अपने तजुर्बात में जलता भी देख उसे

वो सिर्फ़ जिस्म ही नहीं एहसास भी तो है
रातों में चाँद बन के निकलता भी देख उसे

वो धड़कनों के शोर से भी मुतमइन न था
अब चंद आहटों से बहलता भी देख उसे

आ ही पड़ा है वक़्त तो फैला ले हाथ भी
और साथ-साथ आँख बदलता भी देख उसे

सूरज है वो तो उसकी परस्तिश[1] ज़रूर कर
साया है वो तो शाम को ढलता भी देख उसे

निकला तो है क़तील वफ़ा की तलाश में
ज़ख़्मों के पुल-सिरात[2] पे चलता भी देख उसे

13

दिल को ग़म-ए-हयात[3] गवारा है इन दिनों
पहले जो दर्द था वही चारा है इन दिनों

हर सैल-ए-अश्क[4] साहिल-ए-तस्कीं[5] है आजकल
दरिया की मौज-मौज किनारा है इन दिनों

---

1. पूजा 2. वो पुल जो बाल से अधिक बारीक है और क़यामत के दिन जिस पर चल कर जाना है 3. जीवन का दुख 4. आँसुओं की बाढ़ 5. संतोष का तट

ये दिल, ज़रा-सा दिल तेरी यादों में खो गया
ज़र्रे को आँधियों का सहारा है इन दिनों

शमओं में अब नहीं है वो पहली-सी रौशनी
शायद वो चाँद अंजुमन-आरा[1] है इन दिनों

तुम आ सको तो शब को बढ़ा दूँ कुछ और भी
अपने कहे में सुबह का तारा है इन दिनों

क़ुर्बां[2] हों जिसके हुस्न पे सौ जन्नतें क़तील
नज़रों के सामने वो नज़्ज़ारा है इन दिनों

14

उफ़ुक[3] के उस पार ज़िंदगी के उदास लमहे उतार आऊँ
अगर मेरा साथ दे सको तुम तो मौत को भी उतार आऊँ

कुछ इस तरह जी रहा हूँ जैसे उठाए फिरता हूँ लाश अपनी
जो तुम ज़रा-सा भी दो सहारा तो बार-ए-हस्ती उतार आऊँ

बदल गए ज़िंदगी के महवर[4], तवाफ़-ए-दैर-ओ-हरम[5] कहाँ का
तुम्हारी महफ़िल अगर हो बाक़ी तो मैं भी परवाना-वार आऊँ

कोई तो ऐसा मुक़ाम होगा जहाँ मुझे भी सुकूँ मिलेगा
ज़मीं के तेवर बदल रहे हैं तो आस्माँ को सँवार आऊँ

अगरचे[6] इसरार-ए-बेख़ुदी[7] है तुझे भी ज़रपोश महफ़िलों में
मुझे भी ज़िद है कि तेरे दिल में नुक़ूश-ए-माज़ी[8] उभार आऊँ

---

1. सभा की शोभा बढ़ाने वाला 2. भेंट 3. क्षितिज 4. धुरी (बहु) 5. बुतख़ाने और काबे की परिक्रमा 6. यद्यपि 7. बेसुध होने की हठ 8. भूतकाल के चित्र

सुना है एक अजनबी-सी मंज़िल को उठ रहे हैं क़दम तुम्हारे
बुरा न मानो तो रहनुमाई को सर-ए-रहगुज़ार आऊँ

तजुर्बाती ग़ज़लें

1

उजले-उजले रौशन-रौशन चेहरों की ये कंदीलें
आ नज़रों से इनकी रौशनियाँ पी लें

जन्म हमेशा लेंगे इनसे प्यारे-प्यारे प्रीत कँवल
बाँझ नहीं वो नीले नैनों की झीलें

हर अफ़साना माँगे हमसे नज़राना कुछ लफ़्ज़ों का
ऐसे में हम कैसे होंटों को सी लें

कुछ दिन से ये कैफ़ियत है मेरे घायल ख़्वाबों की
जैसे उड़ती हों बेचैन अबाबीलें

माँगने वाला जो भी माँगे सब कुछ हाज़िर कर देंगे
दीवानों के दिल हैं प्यार की ज़ंबीलें[1]

अपनी साँस मिला दी उसने आज हमारी साँसों में
अब शायद दो-चार बरस हम भी जी ले

प्यार को सबसे ऊँचा मज़हब कह तो दिया है तूने क़तील
लोग करें अब जाने क्या-क्या तावीलें[2]

---

1. पिटारे-2. स्पष्टीकरण

2

रात के रंग रसीले कब थे
मुझको हासिल तेरे वादों के वसीले[1] कब थे

मुझ पे तारी था ख़ुद अपना ही ख़ुमार
मेरी आँखों में तेरे ख़्वाब नशीले कब थे

अब हवा साँस भी लेती है जहाँ
उस जगह पिछले बरस रेत के टीले कब थे

दर्मियाँ तेरी तलब थी वर्ना
बे-सबब[2] दस्त-ओ-गरीबान[3] क़बीले कब थे

लफ़्ज़ की धार से काग़ज़ कटता
इस क़दर ग़म के मज़ामीन[4] कटीले कब थे

तेरे इंकार पे इसरार बढ़ा
वर्ना पहले तेरे उश्शाक़[5] हटीले कब थे

सबका माज़ी था क़तील एक मगर
मेरे हम-उम्र मेरी तरह सजीले कब थे

रुबाइयात

नज़्ज़ारे नज़र को छू के रूपोश हुए
पंछी भी चहक-चहक के ख़ामोश हुए
उन लम्हों का वक़्त कर रहा है मातम
जो सुबह के लाशे से हमआग़ोश हुए

---

1. साधन 2. अकारण 3. लड़ते-झगड़ते 4. विषय (बहुवचन) 5. आशिक़ (बहुवचन)

हालात के हर मोड़ पे मुड़ जाते हैं
पानी की तरह टूट के ज़ुड़ जाते हैं
ये वक़्त के बंदे ये ख़याबाँ-ज़ादे
शबनम की तरह धूप में उड़ जाते हैं

ज़ुलमात[1] का इफ़रीत[2] जिये या न जिये
क्यों मौत के बालीं पे जलाती है दिये
ऐ रात समेट ले सितारे अपने
इंसान तरस गया है सूरज के लिए

यूँ शाख़-ए-नशेमन पे न बिजली टूटे
इस तरह शगूफ़ों को न सरसर लूटे
गुलशन पे जो ग़म साया-फ़गन हो जाए[3]
काँटों के मसामात से ख़ुशबू फूटे

---

1. अँधेरों 2. राक्षस 3. साया डाल दें

कर्रार नूरी

कर्रार नूरी का जन्म 30 जून, 1916 को जयपुर (राजस्थान) में हुआ। आजकल 'भीड़ में अकेलेपन' की बात करना आधुनिकता का परिचायक माना जाता है। यही वजह है कि वे लोग भी ये बिल्ला लगाकर अपने आधुनिक बोध का प्रदर्शन करते हैं जो दूर-दूर तक इस एहसास से न कभी जुड़े हैं, न जुड़ेंगे।

कर्रार नूरी के साथ ऐसा नहीं है। अपनी शायरी में प्रतिध्वनित यंत्रणाओं को उन्होंने झेला, जिया और जाना है। इसीलिए उनकी अकेलेपन की अभिव्यक्ति भी एक प्रतिबद्ध भागीदार की है, तटस्थ दर्शक की नहीं। वे जो त्रास महसूस करते हैं, उसे सहज भाव से लिख देते हैं, मूर्त-अमूर्त प्रतीकों के तामझाम की गिलौरियाँ नहीं उगलते। दार्शनिक ढकोसलेबाज़ी के बजाय, उन्होंने उम्मीदें बाँधने और टूटने की टसक को टटोल-टटोलकर टकसाली ज़बान में टाँक दिया है।

कर्रार नूरी की कविता अकेलेपन की पीड़ा की परिभाषा है। लेकिन वे हर बार इस एहसास-ए-तनहाई का खुला इज़हार भी नहीं करते। जिस तरह वे आए दिन महफ़िलों में क़हक़हे लगाकर, रेस्तराओं में घूँसे तानकर अपनी उदासी छुपाते हैं, उसी तरह अपनी शायरी में भी कभी सोई हुई क़ौम को जगाने और कभी शिष्टाचार के हवालों से अपना दुख ढक देते हैं। आपको असली कर्रार नूरी से मिलना हो तो अकेले में मिलिये और चुप रहिए। शायद तब आप देख पाएँ कि तन्हाई के हिसार में बैठकर कैसे लफ़्ज़ों में जान डाली जाती है।

08 अगस्त, 1990 को कराची में इनका निधन हो गया।

ग़ज़ल

1

तेरी ही तरह हमें याद आने वाला हो
तेरे सिवा भी कोई तो सताने वाला हो

हर एक सुबह यही दिल में हूक उठती है
हमें भी नाज़ से कोई जगाने वाला हो

वो किस उम्मीद पे घर में रहे कि जिस घर में
न आने वाला हो कोई, न जाने वाला हो

हर इक से नज़रें मिलाई हैं उनके कूचे में
कि जैसे अब कोई हमको बुलाने वाला हो

है दोस्तों के लिए आईना नज़र मेरी
नज़र मिलाए जो नज़रें मिलाने वाला हो

कि जैसे कोई बला मुझ पे आने वाली है
हरास[1] कहता है, कोई बचाने वाला हो

चलूँ तो साथ चले और रुकूँ तो साथ न दे
क़दम-क़दम पे कोई दिल बढ़ाने वाला हो

---

1. भय

किसी को शह्र में अब हमसे लाग है न लगाव
कोई तो हमसे भी नज़रें बचाने वाला हो

हमारे शह्र में क्या-क्या सजे-सजाए हैं घर
हमारे घर को भी कोई सजाने वाला हो

2

कर्ब[1] है कर्ब की आवाज़ बराबर है यही
तेरी क़ीमत है यही, तेरा मुक़द्दर है यही

जी में है, अब किसी दरवाज़े पे दस्तक दे दूँ
और फिर पूछें कि ऐ शख़्स, मेरा घर है यही

कौन समझेगा अगर मैंने कही भी रूदाद[2]
चुप ही हो जाऊँ, मेरे वास्ते बेहतर है यही

अब तो जो ज़र्रा[3] भी दामन से लिपट जाता है
मैं समझता हूँ मेरा महर-ए-मुनव्वर[4] है यही

चाँदनी रात में ख़ुद अपने ही साए से मिलूँ
मेरा मोनिस[5] है यही अब मेरा रहबर[6] यही

अब तो हर लहज़ा, हर इक मोड़ पे होता है गुमाँ
जिसके बारे में सुना हमने, वो महशर[7] है यही

शेर कहने को तो हमने भी कहे हैं नूरी
ये जो ख़ामोश-सा बैठा है सुख़नवर[8] है यही

---

1. पीड़ा 2. कथा 3. कण 4. सूरज की भाँति प्रकाशमान 5. परोपकारी या भला चाहने वाला 6. मार्गदर्शक 7. प्रलय 8. कवि

3

तारीकियों में हम जो गिरिफ़्तार हो गए
शायद सहर[1] से पहले ही बेदार[2] हो गए

यह कौन-सा मक़ाम-ए-रह-ओ-रस्म[3] है कि वो
इतने हुए क़रीब कि बेज़ार हो गए

मंज़िल की सम्त[4] तुझको न ले जाएँगे कभी
वो रास्ते जो आप ही हमवार[5] हो गए

नाकामियों ने और भी सरकश[6] बना दिया
इतने हुए ज़लील[7] कि ख़ुद्दार[8] हो गए

अब के तो नोक-ए-ख़ार[9] भी गुल-रंग हो चली
कल देखना कि दश्त भी गुलज़ार हो गए

नूरी हमें जहाँ में मुसर्रत[10] की थी तलाश
आख़िर हर एक शख़्स के ग़मख़्वार[11] हो गए

4

ख़ुद अपने घर में हैं इस तरह आज आए हुए
कि जैसे घर में किसी के हों हम बुलाए हुए

कि जैसे अब कोई ख़ुर्शीद आ ही जाएगा
हैं अपने घर के अँधेरों से लौ लगाए हुए

---

1. प्रात:काल 2. जागा हुआ 3. मित्रता (प्रेम) की अवस्था 4. ओर 5. समतल 6. उद्दंड 7. तुच्छ, नीच 8. स्वाभिमानी 9. काँटे का सिरा 10. ख़ुशी 11. दुख में साथ रहने वाला

ख़ुदा करे दर-ओ-दीवार[1] कान रखते हों
ज़माना गुज़रा है रूदाद-ए-ग़म[2] सुनाए हुए

इन आँधियों में न जाने किधर से आ जाओ
मैं जा रहा हूँ हर इक सू[3] दिया जलाए हुए

गराँ[4] गुज़रती है अब शह्र की हर इक आवाज़
सुना रहे हैं वो क़िस्से जो हैं सुनाए हुए

हो जैसे जुर्म-ए-मुहब्बत में मेरी नाकामी
हर इक से रहता हूँ नूरी नज़र बचाए हुए

5

हाल-ए-दिल मैंने जो दुनिया को सुनाना चाहा
मुझको हर शख़्स ने दिल अपना दिखाना चाहा

अपनी तसवीर बनाने के लिए दुनिया में
मैंने हर रंग पे इक रंग चढ़ाना चाहा

ख़ाक-ए-दिल जौहर-ए-आईना[5] के काम आ ही गई
लाख दुनिया ने निगाहों से गिराना चाहा

शोला-ए-बर्क़[6] से गुलशन को बचाने के लिए
मैंने हर आग को सीने में छुपाना चाहा

अपने ऐबों को छुपाने के लिए दुनिया में
मैंने हर शख़्स पे इल्ज़ाम लगाना चाहा

---

1. दरवाज़ा और दीवार 2. शोक-कथा 3. दिशा 4. भारी 5. आईने का गुण 6. बिजली की लपट

ग़रत-ए-मौज[1] उसे फेंक गई साहिल पर
डूबने वाले ने जब शोर मचाना चाहा

6

दिल है चुप, बोल रहा हो जैसे
ख़ुद में ग़म घोल रहा हो जैसे

अब वो यूँ देख रहा है मुझको
ज़र्फ़[2] को तौल रहा हो जैसे

यूँ झिझक जाता हूँ कह के हर बात
बात में झोल रहा हो जैसे

दिल को अब मुफ़्त लिये फिरता हूँ
पहले अनमोल रहा हो जैसे

बात यूँ करने लगा हूँ नूरी
आईना बोल रहा हो जैसे

7

शह्र में तन्हा था लेकिन कर्ब-ए-तन्हाई[3] न था
घर से बाहर रह के मैं इतना तो सौदाई न था

ख़ुद-ब-ख़ुद ही दोस्त बनकर, बनते हैं दुश्मन ये लोग
वर्ना अज़-ख़ुद तो मुझे ज़ौक़-ए-तमाशाई[4] न था

---

1. लहर का स्वाभिमान 2. सहनशीलता 3. अकेलेपन की पीड़ा 4. दर्शन की रुचि

तेरी नज़रों ने न जाने कितनी इज़्ज़त बख़्श दी
मुझको पहले तो कभी भी ख़ौफ़-ए-रुसवाई[1] न था

इस भरी दुनिया में बस इक मैं तमाशा बन गया
और शायद कोई भी तेरा तमन्नाई न था

अशआर

हर तरफ़ तपती हुई धूप मेरे साथ गई
ज़ेर-ए-साया किसी दीवार ने सोने न दिया

साये में आ गया जो किसी के तो क्या हुआ
मैं भी था एक उम्र का यारो थका हुआ

मेरे ही लहजे में बोला है घर का सन्नाटा
कुछ इस क़दर दर-ओ-दीवार से कलाम किया

यूँ तो कितने ही निशां हैं वो पता भूल न जाएँ
इक चराग़ और जला दूँ मैं कहीं घर के क़रीब

नाम ले कर कभी हमको भी पुकारे कोई
घर का दरवाज़ा किसी रोज़ तो खोलें हम भी

शायद कहीं रहते हों अपने की तरह हम भी
हर शख़्स के घर जा कर हम ख़ुद को पुकार आए

उस वक़्त पता पूछते हैं पूछने वाले
जिस वक़्त कि ख़ुद अपने को बेघर न कहा जाए

कहे देता है ये सन्नाटा घर का
कि अपने घर में अब तन्हा नहीं हूँ

1. बदनामी का भय

जाफ़र शीराज़ी

जन्म : 1 जनवरी, 1920

स्थान : मौज़ा अकबर, तहसील ओकाड़ा, जिला साहीवाल

शिक्षा : बी-एस.सी. (एग्रीकल्चर)

शायरी का संकलन : 'हवा के रंग'

ग़ज़ल

1

सूरज छुपा इक-इक गुल-ए-मंज़र[1] बिखर गया
शोला-सा कोई दिल में उतर कर बिखर गया

था चाँदनी का जिस्म कि शीशे का था बदन
आई हवा तो गिर के ज़मीं पर बिखर गया

कल हँस के रेग-ए-दश्त[2] से कहती थी ज़िंदगी
मैंने छुआ ही था कि वो पत्थर बिखर गया

नद्दी पे एक नर्म किरन ने रखा जो पाँव
चारों तरफ़ सदा का समंदर बिखर गया

जाफ़र हमारा दिल भी है वो आईना कि बस
खाई जरा निगाह की ठोकर, बिखर गया

2

जान ऐसे ख़्वाबों से किस तरह छुड़ाऊँ मैं
शह्र सो गया सारा, अब किसे जगाऊँ मैं

1. दृश्य का फूल 2. जंगल की रेत

पायमाल सब्ज़े[1] पर देख कर गिरे पत्ते
अब ज़मीन से ख़ुद को किस तरह उठाऊँ मैं

इन अकेली रातों में, इन अकेले रस्तों पर
किसके साथ आऊँ मैं, किसके साथ जाऊँ मैं

एक ही-सी तनहाई, एक ही-सा सन्नाटा
दश्त क्या है, दिल क्या है, क्या तुझे बताऊँ मैं

देख, कैसे दिन आए, देख, मैं न कहता था
तू क़रीब भी आए और तुझे बुलाऊँ मैं

आज सब में घुल-मिल जाऊँ, मुझको क्या ख़बर कल तक
किसको याद आऊँ मैं, किसको भूल जाऊँ मैं

कितने काम दुनिया ने दे दिये मुझे जाफ़र
अश्क-ए-ग़म[2] गिराऊँ मैं, बार-ए-ग़म उठाऊँ मैं

3

अक्स[3] जा-ब-जा[4] अपनी ज़ात के गिराता है
कौन आस्मानों से आईने गिराता है

मैंने रूप धारा है उसकी रूह का, और वो
मेरे नक़्श ही मेरे सामने गिराता है

उम्र-भर उठाएगा दुख मेरे बिखरने का
आँख की बुलंदी से क्यों मुझे गिराता है

---

1. हरे-भरे पौधे 2. शोकाश्रु 3. प्रतिबिंब 4. जगह-जगह

शोला-ए-मुहब्बत[1] और आब-ए-अश्क[2]! ऐ नादाँ!
रौशनी को दरिया में किसलिए गिराता है

वह हवा का झोंका भी मेरा सख़्त दुश्मन है
शाख़ से जो पत्ते को ज़ोर से गिराता है

जज़्ब न कर ले जाफ़र सोच लहर की तुझको
तू कहाँ समंदर में कंकरें गिराता है

4

रास्तों में ढेर हो कर फूल से पैकर गिरे
बर्ग[3] कितने आँधियों के पाँव में आकर गिरे

ऐ जुनूँ की साअतो! आमद[4] बहारों की हुई
देखना वो शाख़चों से तितलियों के पर गिरे

तुम न सुन पाए सदा दिल टूटने की और यहाँ
शोर वो उट्ठा, ज़मी पर जिस तरह अम्बर गिरे

कौन जाने कितनी यादों से हुआ दिल ज़ख़्म-ज़ख़्म
चाँदनी बरसी कि मेरी रूह पर ख़ंजर गिरे

मुंतज़िर[5] हूँ ग़म के इस तूफ़ान-ए-अब्र-ओ-वाद में
कब घटा का शोर कम हो, कब हवा थक कर गिरे

यूँ हुआ हूँ जज़्ब जाफ़र वक़्त के तूफ़ान में
तह में गहरे पानियों की, जिस तरह कं कर गिरे

---

1. प्रेम की ज्वाला 2. आँसुओं का पानी 3. पत्ते 4. आगमन 5. प्रतीक्षा में

5

दिन दहकती धूप ने मुझको जलाया देर तक
रात तन्हाई में काला अब्र बरसा देर तक

तू ये कहता है कि तू कल मेरे साथ था
मैं ये कहता हूँ कि मैंने तुझको ढूँढा देर तक

पास रखकर उजले-उजले, दूध-से यादों के जिस्म
देर से बैठा हूँ मैं, बैठा रहूँगा देर तक

पहले तेरी चाहतों के ग़म थे, अब फ़ुरक़त[1] के दुख
मुझ पे अब तारी रहेगा ये भी अरसा देर तक

कौन ठहरे आने वाले मौसमों के सामने
कौन ख़ाली रख सके ताक़-ए-तमाशा[2] देर तक

अब वो बातें, वो क़िस्से किस तरह जाफ़र भुलाएँ
ऐसे सदमों का असर दिल पर रहेगा देर तक

6

देखूँ तो मेरे दिल में उतरता है ज़ियादा
शोला कि तह-ए-आब[3] निखरता है ज़ियादा

क्या जानिए क्या बात है, अब दश्त की निस्बत
दिल ख़ामुशी-ए-शह्र से डरता है ज़ियादा

अंदर का वही रोग उसे भी है, मुझे भी
बनता है ज़्यादा वो, सँवरता है ज़ियादा

1. जुदाई या वियोग 2. तमाशे का ताक़ 3. पानी के अंदर

जो आँख के जलते हुए सहरा से परे है
बादल उसी रस्ते से गुज़रता है ज़ियादा

रुख़ शह्र की जानिब[1] हुआ जंगल की हवा का
और शोर मेरे दिल में उभरता है ज़ियादा

जाफ़र ये लगा ज़ख़्म-ए-मुहब्बत भी अजब है
बढ़ता है ज़ियादा जो न भरता है ज़ियादा

7

ब-सतह-ए-आब[2] कोई अक्स-ए-नातवाँ[3] न पड़ा
हवा गुज़र भी गई और कहीं निशाँ न पड़ा

बड़े सुकून से देखा है जलते लमहों को
हमारी आँख में वर्ना धुआँ कहाँ न पड़ा

कठिन भी ऐसा न था मेरी-तेरी सुलह का काम
कोई भी शख़्स मेरे-तेरे दरमियाँ न पड़ा

हुए हैं ख़ाक ख़ामोशी के दश्त[4] में खो कर
हमारे कान में ही शोर-ए-कारवाँ न पड़ा

बला की धूप है जाफ़र, किसी को होश नहीं
पड़ा है अब्र का साया कहाँ-कहाँ न पड़ा

8

मुआनसत[5] यही कनार-ए-आब-ए-जू[6] बहुत हुई
बहुत अगर हुआ तो उससे गुफ़्तगू बहुत हुई

---

1. ओर 2. पानी के तल पर 3. निर्बल परछाईं 4. जंगल 5. दोस्ती 6. नदी किनारे

मआल-ए-आरज़ू[1] तो देखिए कि मुद्दतों के बाद
कहा तो ये कहा कि शरह-ए-आरज़ू[2] बहुत हुई

नहीं हुई ख़बर तो ख़ुश्क पात को नहीं हुई
वगरना शोहरत -ए-बहार[3] चार-सू[4] बहुत हुई

वफ़ा का ज़िक्र ही कुजा[5] कि याद भी है कम तुझे
वही जो बात दरमियान-ए-मा-ओ-तू[6] बहुत हुई

कोई न पूछता था जाफ़र-ए-हज़ीं मिज़ाज[7] भी
हम उठ गए तो अंजुमन में हा-ओ-हू बहुत हुई

---

1. आशा का अंजाम 2. आशा की व्याख्या 3. वसंत की प्रसिद्धि 4. चारों ओर 5. कहाँ 6. हमारे-तुम्हारे बीच 7. हाल

नूर बिजनौरी

नाम : नूर-उल-हक़ सिद्दीक़ी। इनका जन्म 10 अप्रैल, 1924 को बिजनौर, उत्तर प्रदेश में हुआ। शिक्षा : बी.ए. ऑनर्स तक। नूर बिजनौरी के अपने शब्दों में, "मैं बिजनौर के एक शरीफ़ और ख़ुशहाल घराने में पैदा हुआ। 1936 में मैट्रिक करने के बाद मुस्लिम यूनीवर्सिटी, अलीगढ़ में एडमीशन ले लिया। पिता के देहांत के कारण शिक्षा पूरी न हो सकी और इस तरह 15-16 बरस की उम्र में मुझे जीवन की कड़वाहटों को चखने का मौक़ा मिला। दो बरस बेकार रहने के बाद मेरे अमीर रिश्तेदारों ने मुझे एक मामूली-सी नौकरी दी और मैं अपने लड़कपन के सपनों की लाशें उठाए चाकरी की गाड़ी में जुट गया। पाकिस्तान बनने के फ़ौरन बाद दिल्ली से लाहौर आ गया।

"1939 से शेर कह रहा हूँ। 1940 में पहली बार मेरी ग़ज़ल मासिक 'हसीन दुनिया' में छपी थी। 1941 के बाद से मेरी नज़्में और ग़ज़लें साहित्यिक पत्रिकाओं में छपती रही हैं। मैंने बेइंतिहा नज़्में-ग़ज़लें कहीं। आजकल बहुत कम शेर कहता हूँ। कमबख़्त ज़िंदगी मोहलत ही नहीं देती।

"अपनी शायरी के मुताल्लिक़ सिर्फ़ इतना कहूँगा कि मेरे शेर बड़ी हद तक मेरे अपने एहसासात[1] की शिद्दत[2] के आईनादार[3] भी हैं और अक्कास[4] भी। मेरी शादी हो चुकी है। तीन बच्चे हैं। जिनकी प्यारी-प्यारी बातें जब मुझे ये याद दिलाती हैं कि नूर साहब आप अपने ख़ूबसूरत इन बच्चों के रहने के लिए मकान मुहैया नहीं कर सकते, इनकी फ़ीसें अदा नहीं कर सकते तो मैं काँप उठता हूँ। और सोचता हूँ ये कैसी रौशनी है कि रास्ता अँधेरे में डूबता चला जा रहा है। मेरी कल्पना की सुंदरियाँ चुड़ैलें बनकर मुझे डराने लगती हैं। लेकिन हम लोग बड़े सख़्तजान होते हैं। हाथ कट जाने के बाद भी लिखने से बाज नहीं आते। जो ग़म भी हाथ लगता है उसे ग़म-ए-जानाँ बना देने से नहीं चूकते।"

02 अप्रैल, 2001 को इनका निधन हो गया।

---

1. अनुभव (बहु.) 2. उत्कटता 3. झलकाना 4. चित्रकार

ग़ज़ल

1

आस के रंगीं पत्थर कब तक ग़ारों में लुढ़काओगे
शाम ढले इन कोहसारों[1] में अपना खोज न पाओगे

जाने-पहचाने-से चेहरे अपनी सम्त बुलाएँगे
क़दम-क़दम पर लेकिन अपने साए से टकराओगे

हर टीले की ओट से लाखों वहशी आँखें चमकेंगी
माज़ी की हर पगडंडी पर नेज़ों[2] से घिर जाओगे

फ़नकारों का ज़ह्र तुम्हारे गीतों पर जम जाएगा
कब तक अपने होंट, मेरी जाँ, साँपों से डसवाओगे

चीख़ेंगी बदमस्त[3] हवाएँ ऊँचे-ऊँचे पेड़ों में
रूठ के जाने वाले पत्तो! कब तक वापस आओगे

जादू नगरी है ये प्यारे, आवाज़ों पर ध्यान न दो
पीछे मुड़ कर देख लिया तो पत्थर के हो जाओगे

---

1. पर्वतों 2. बरछियों 3. तूफ़ानी

2

शाख़-शाख़ पर मौसम-ए-गुल ने गजरे से लटकाए थे
मैंने जिस दम हाथ बढ़ाया, सारे फूल पराए थे

कितने दर्द चमक उठते हैं फ़ुरक़त[1] के सन्नाटे में
रात-रात-भर जाग के हमने ख़ुद ये ज़ख़्म लगाए थे

तेरे ग़मों का ज़िक्र ही क्या, अब जाने दे, ये बात न छेड़
हम दीवाने मुल्क-ए-जुनूँ[2] में बख़्त-ए-सिकंदर[3] लाए थे

दिल की वीराँ बस्ती मुझसे अक्सर पूछा करती है
बसते हैं किस देश में अब वो लोग, यहाँ जो आए थे

पिछली रात के तारे अब भी झिलमिल-झिलमिल करते हैं
किसको ख़बर है, इक शब हमने कितने अश्क[4] बहाए थे

आज जहाँ की तारीकी[5] से दुनिया बचकर चलती है
हमने इस वीरान महल में लाखों दीप जलाए थे

मुझको उनसे प्यार नहीं है, मुझको उनके नाम से क्या
आँखें यूँ ही भर आई थीं, होंट यूँ ही थर्राए थे

3

जगमग-जगमग उसकी आँखें मेरा सीना जलता था
चाँद हमारे आगे-आगे मश्अल[6] लेकर चलता था

राहगुज़र थी महकी-महकी एक तिलिस्मी ख़ुशबू से
तेज़ हवा में उसका आँचल क्या-क्या रंग बदलता था

---

1. जुदाई 2. पागलों का देश 3. सिकंदर का भाग्य 4. आँसू 5. अंधकार 6. मशाल

झिलमिल-झिलमिल करते सपने पहली-पहली चाहत के
सीना-ए-शब[1] पर उसके क़दम थे या ख़ुर्शीद[2] निकलता था

फूल-सा चेहरा दहका-दहका ज़ुल्फ़ों की शादाबी[3] में
आलम-ए-इमकाँ[4] चुपके-चुपके अपनी आँखें मलता था

सुर्ख़ लबों की पंखुड़ियाँ जब हौले से खुल जाती थीं
क़ौस-ए-क़ुज़ह[5] का मौसम उन पर शबनम-वार[6] मचलता था

एक परिंदा चीख़ रहा था मस्जिद के मीनारे पर
दूर कहीं गंगा के किनारे आस का सूरज ढलता था

शह्र-ए-वफ़ा में जा निकले थे हम भी नूर से मिलने को
वह दीवाना इक परछाईं के हमराह टहलता था

4

इक तरन्नुम-सा[7], मेरे पाँव की ज़ंजीर में है
फिर कोई फ़सल-ए-बहाराँ[8] मेरी तक़दीर में है

झिलमिलाते हैं सितारे कि दिये जलते हैं
कुछ उजाला-सा तेरी ज़ुल्फ़-ए-गिरहगीर[9] में है

ये तेरा हुस्न भी है सादा-ओ-मासूम बहुत
कुछ मेरा प्यार भी शामिल तेरी तसवीर में है

और बढ़ती है उसी शख़्स की चाहत नासेह[10]
यह करामात अजब आपकी तक़रीर में है

---

1. रात का सीना, आधी रात 2. सूरज 3. हरियाली 4. संभावना का संसार 5. इंद्रधनुष 6. ओस 7. परिवर्तन 8. बसंत 9. अपनी गाँठ में बाँध लेने वाले बाल 10. उपदेशक

अपनी खोई हुई छीनी हुई जन्नत का सुराग़
हलक़ा-ए-दार[1] में है, जुंबिश-ए-शमशीर[2] में है

मैं जो चाहूँ तो पिघल जाएँ जुदाई के पहाड़
ये भी तासीर मेरे नाला-ए-शबगीर[3] में है

माह-ओ-ख़ुर्शीद[4] ज़मीं पर नहीं उतरे अब तक
मेरा हर ख़्वाब अभी पर्दा-ए-ताबीर[5] में है

5

दिल के सहरा में कोई आस का जुगनू भी नहीं
इतना रोया हूँ कि अब आँख में आँसू भी नहीं

इतनी बेरहम न थी ज़ीस्त की दोपहर कभी
इन ख़राबों में कहीं साया-ए-गेसू भी नहीं

कासा-ए-दर्द[6] लिये फिरती है गुलशन की हवा
मेरे दामन में तेरे प्यार की ख़ुशबू भी नहीं

छिन गया मेरी निगाहों से भी एहसास-ए-जमाल[7]
तेरी तसवीर में पहला-सा वो जादू भी नहीं

मौज-दर-मौज तेरे ग़म की शफ़क़[8] खुलती है
मुझको इस सिलसिला-ए-रंग पे क़ाबू भी नहीं

दिल वो कमबख़्त कि धड़के ही चला जाता है
ये अलग बात कि तू ज़ीनत-ए-पहलू[9] भी नहीं

---

1. फाँसी का फंदा 2. तलवार का कंपन 3. पिछली रात का आर्तनाद 4. चाँद और सूरज 5. वो ख़्वाब जिसका परिणाम स्पष्ट न हुआ हो 6. दर्द का प्याला 7. सौंदर्य का अनुभव 8. उषा 9. बग़ल में

ये अजब राहगुज़र[1] है कि चटानें तो बहुत
और सहारे को तेरी याद के बाज़ू भी नहीं

हादिसा ये भी गुज़रता था मेरी जाँ, हम पर
पैकर-ए-संग[2] हैं दो, मैं भी नहीं, तू भी नहीं

6

ज़लज़ला आया वो दिल में वक़्त की रफ़्तार से
ख़ुद-ब-ख़ुद तसवीर तेरी गिर पड़ी दीवार से

चुपके-चुपके खींचता जाता हूँ काँटों का हिसार[3]
मैं कि अब डरने लगा हूँ फूल की महकार[4] से

हम बला-नोशों[5] ने ज़ह्र-ए-आगही[6] भी पी लिया
चलते-चलते हम भी ठोकर खा गए कोहसार[7] से

जिनको आँखों से लगाया, जिनको रो-रो कर पढ़ा
हाय वो ख़त भी नज़र आने लगे बेकार से

दीदा-ए-याक़ूब[8] हर चेहरे में है गिर्या-कुनाँ[9]
हम बहुत उकता गए हैं मिस्र के बाज़ार से

हमसे शिकवा कर रहा था आज दामान-ए-तही
तोड़ लाए माह-ओ-अंजुम[10] फ़िक्र के गुलज़ार से

नूर साहिब, खुल न जाए तर्क-ए-उल्फ़त[11] का भरम
आप की ख़ामोशियों से, आपके अश्आर से

---

1. मार्ग 2. पत्थर की मूर्ति 3. घेरा 4. सुगंध 5. विपत्तियाँ सहने वाले 6. ज्ञान का विष 7. पर्वत 8. हज़रत याकूब की आँख (हज़रत याक़ूब : हज़रत यूसुफ़ के पिता) 9. आँसू बहता हुआ 10. चाँद-तारे 11. प्रेम-त्याग

7

किसी की याद के जुगनू भी खो गए अब तो
अब इन उजाड़ घने जंगलों से भाग चलो

बला का शोर है लमहात[1] की रवानी में
कोई गुज़रते हुए वक़्त को ज़रा रोको

वो आँधियाँ हैं कि दिल काँप-काँप उठता है
मेरे उदास ख़यालो, किवाड़ मत खोलो

यही है दश्त-ए-वफ़ा[2] के मुसाफ़िरों का चलन
जो चल सको तो बगूलों के साथ-साथ चलो

धुआँ-धुआँ रही बरसों निगाह-ओ-दिल की फ़ज़ा
भड़क-भड़क के बुझा शोला-ए-जुनूँ[3] यारो

तमाम रात जो लड़ता रहा घटाओं से
अरे वो आख़िरी तारा भी छुप गया, देखो

1. क्षण (बहु.) 2. वफ़ा का जंगल 3. जुनूँ की लपट

फ़ारिग़ बुख़ारी

नाम : अहमद शाह। इनका जन्म 11 नवंबर, 1917 को पेशावर में हुआ।

शिक्षा : एफ.ए., उर्दू ऑनर्स, मुंशी फ़ाज़िल, पश्तो फ़ाज़िल।

बुख़ारी मानते थे कि आज की दुनिया पूँजीवादी शिकंजे में क़ैद है। शोषण, टूटन, बिखरन, अशांति से वर्तमान की परिभाषा गढ़ी जा रही है। साम्राज्यवाद के एजेंट तीसरी दुनिया की आज़ादी को तहस-नहस कर गंगा और सिंधु के मैदानों को लाशों से पाटना चाहते हैं।

लेकिन इन हालात में भी बुख़ारी का लेखन पराजय का पश्चात्ताप नहीं, संघर्ष का सफ़रनामा है। उल्लास और बेफ़िक्री के मिज़ाज की महक उनके लेखन में बसी हुई है।

फ़ारिग़ की ज़िंदादिली का ये अर्थ नहीं कि वे वर्तमान परिस्थितियों से असंपृक्त रहे हैं। उनके स्वर में बेफ़िक्री है, लेकिन उनके कथ्य में एक पैनी दृष्टि झलकती है। वे सब के हमदर्द-हमराज़ हैं। उनकी सहज संवेदनशीलता जीवन के अनुभवों को पैनी दृष्टि से परखकर कविता में मूर्त रूप देती रही है। इसीलिए उनकी झकझोर आवाज़ ने बहुत से सोतों-ऊँघतों की नींद उचाट की है।

इनकी ये किताबें प्रकाशित हुईं : 1. 'अदबियात-ए-सरहद' (सरहद के उर्दू शायरों और लेखकों के बारे में), 2. 'पश्तो लोक गीत', 3. 'औरत का गुनाह' (कहानियाँ), 4. 'ज़ेर-ओ-बम' (शायरी का संकलन), 5. 'बाचा ख़ान' (ख़ान अब्दुल ग़फ़्फ़ार ख़ान की जीवनी), 6. 'आयात-ए-ज़िंदगी' (एक लंबी कविता), 7. 'नवियाँ रावाँ' (सरहद के आधुनिक शायरों का संकलन), 8. 'प्यासे हाथ' (शायरी का संकलन), 9. 'दूसरा एलबम' (ख़ाके)। इन कृतियों के अलावा उन्होंने पश्तो कविता पर पाँच और किताबें रज़ा हमदानी के साथ लिखीं।

13 अप्रैल, 1997 को इनका निधन हो गया।

शह्र लुटता रहा

हम अज़ाबों[1] के मनहूस चेहरों से
ना-आशना तो न थे
बारहा[2] ये वबा[3] हमने देखी
क़ज़ा[4] हमने पाई
बला हमने झेली
मगर सानिहा[5] था अजब
वो लम्हे कि जब
हैरतें थीं क़यामत
जबीनें[6] नदामत[7]
वो लम्हे कि जब
शह्र लुटता रहा
ख़ून बहता रहा
अपने रिश्तों की पहचान हम भूल बैठे
फ़तूहात[8] के जश्न और सब शिकस्तों के ग़म भूल बैठे
वो लम्हे कि जब
अपने ही ज़ख़्मों के हम तमाशाई थे
अपने हाथों ही संगसार[9] होते रहे
ऐसे दिलदादा-ए-शौक़-ए-रुसवाई[10] थे
एक मुहलिक[11]-सा सन्नाटा था चार सू
किससे कहते कि हम तेरे शैदाई[12] थे

---

1. यातना 2. प्राय: 3. महामारी 4. मृत्यु 5. दुर्घटना 6. माथा (बहु) 7. पछतावा 8. विजय (बहु) 9. पत्थर मार-मारकर मार डालना 10. बदनामी के शौक़ से मुग्ध 11. घातक 12. प्रेमी

ख़ुश-फ़हमी

नेकी को जब पैमानों में तोला जाए
हर इक बात में ज़हर अना[1] का घोला जाए

अपने क़दमों पर, हर रस्ता खुल जाए
होंठ खुलें तो अपने हक़ में बोला जाए

हर इंसाँ क्यों बाम-ए-हवा[2] पे खड़ा लगता है
क्यों वो हमेशा मसलहतों[3] में गड़ा लगता है

सच्चाई के ढोल तो हर इक पीटता है पर
अपना क़द क्यों हर इंसाँ को बड़ा लगता है

ग़ज़ल

1

किसी भी जिस्म का ये बाल-ओ-पर लगे न कहीं
ख़ुदा भी हमको किसी दिन बशर[4] लगे न कहीं

हर एक चेहरे से वहशत-ज़दा[5] न हो जानाँ
कि अपने-आप से भी तुझको डर लगे न कहीं

ये दिल विसाल के मौसम में भी धड़कता है
बहिश्त-ए-तन[6] को किसी की नज़र लगे न कहीं

जो मंज़िलों के पुजारी हैं रौशनी के नहीं
नवेद-ए-सुब्ह[7] की उनको ख़बर लगे न कहीं

---

1. अहम् 2. हवा के ऊपर 3. हित (बहु) 4. मनुष्य 5. भयभीत 6. शरीर का स्वर्ग 7. सुबह होने की शुभ सूचना

तुम्हारे लम्स[1] से ये जिस्म-ओ-जाँ चराग़ाँ हैं
किसी सिदफ़[2] को भी ऐसे गुहर[3] लगे न कहीं

यही जो बुख़्ल-ए-ज़मीं[4] है तो क्या अजब फ़ारिग़
किसी शजर[5] में भी कोई समर[6] लगे न कहीं

2

मैं कि अब तेरी ही दीवार का इक साया हूँ
कितने बे ख़्वाब[7] दरीचों से गुज़र आया हूँ

मुझको एहसास है हालात की मजबूरी का
बेवफ़ा कहके तुझे, आप भी शरमाया हूँ

मुझको मत देख, मेरे ज़ौक़-ए-समाअत[8] को तो देख
कि तेरे जिस्म की हर तान पे लहराया हूँ

ऐ मुअर्रिख़[9], मेरी उजड़ी हुई सूरत पे न जा
शह्र-ए-वीराँ[10] हूँ मगर वक़्त का सरमाया[11] हूँ

रौशनी फैल गई मेरी भी ख़ुशबू की तरह
मैं भी जलते हुए सहराओं का हमसाया हूँ

हमसफ़र लाख मेरी राह का पत्थर भी बने
फिर भी ज़ेह्नों के दर-ओ-बाम पे लहराया हूँ

नई मंज़िल का जुनूँ[12] तोह्मत-ए-गुमराही[13] है
पा-शिकस्ता[14] भी तेरी राह में कहलाया हूँ

---

1. स्पर्श 2. सीपी 3. मोती 4. धरती की कंजूसी 5. पेड़ 6. फल 7. जागते हुए 8. सुनने का शौक़ 9. इतिहास लिखने वाला 10. उजड़ा हुआ शहर 11. पूँजी 12. पागलपन 13. मार्ग भूलने का आरोप 14. टूटे हुए पैर

फिर नुमू[1] पाई है इक दर्द-ए-ख़ुश-आग़ाज़[2] के साथ
दह्र[3] में जुरअत-ए-इज़्हार[4] का पैराया[5] हूँ

उम्र-भर बुत-शिकनी करता रहा, आज मगर
अपनी ही ज़ात के कोहसार[6] से टकराया हूँ

दह्र में अज़्मत-ए-आदम[7] का निशा हूँ फ़ारिग़
कभी कोहसार, कभी दार[8] पे लहराया हूँ

3

वो रौशनी है कहाँ जिसके बाद साया नहीं
किसी ने आज तलक ये सुराग़ पाया नहीं

कहाँ से लाऊँ वो दिल जो तेरा बुरा चाहे
अद-ए-जाँ,[9] तेरा दुख भी कोई पराया नहीं

तेरी सबाहत-ए-सद-रंग[10] में बिखर जाऊँ
अभी वो लम्हा मेरी ज़िंदगी में आया नहीं

तेरे वुजूद पे अँगड़ाई बनके टूटा है
वो नग़मा जो किसी मुतरिब[11] ने गुनगुनाया नहीं

नई-नवेली ज़मीनों की सोंधी ख़ुशबू में
वो चाँदनी है कि जिसमें कोई नहाया नहीं

हम एक फ़िक्र[12] के पैकर[13] हैं, इक ख़याल के फूल
तेरा वुजूद[14] नहीं है तो मेरा साया नहीं

---

1. उगना 2. जिस दुख का आरंभ अच्छा हो 3. दुनिया 4. बात कहने का साहस 5. सजावट 6. पहाड़ 7. मनुष्य की महिमा 8. फाँसी 9. मेरे जीवन की सुगंध 10. सौ रंग का रूप 11. गायक 12. विचार, दुख 13. आकृति 14. अस्तित्व

वो बाब[1] जिसमें तवानाइयों[2] की ख़ुशबू है
फ़साना-साज़[3] ने फ़ारिग़ कभी सुनाया नहीं

4

मौसमों के रंग सारे दिल के अंदर रह गए
ख़ुश्क होकर उमड़ी आँखों में समंदर रह गए

अपने साए से लिपटकर सो गया हर एक पेड़
रहगुज़र की ठोकरें खाने को पत्थर रह गए

इब्न-ए-आदम[4] ने सजा रखे हैं मक़्तल[5] हर तरफ़
अम्न का पैग़ाम देने को कबूतर रह गए

दस्तकें देने से फ़ारिग़ कोई दर खुलता नहीं
वो कभी अंदर नहीं आए जो बाहर रह गए

5

वफ़ा नहीं, न सही, काश वो जफ़ा तो करे
अता[6] हमें वो कभी, कोई ज़ाइक़ा[7] तो करे

हम अपने जिस्म के सारे नशे उसे दे दें
कोई ख़लूस[8] से आकर मुतालबा[9] तो करे

ये शहर्-ए-ज़ात[10] में क्यों सारे बाब[11] खुलते हैं
मुसाफ़िरों पे भी वा[12] कोई रास्ता तो करे

1. परिच्छेद 2. शक्ति 3. कथाकार 4. मनुष्य (आदम का बेटा) 5. वधस्थान 6. प्रदान 7. स्वाद 8. निश्छलता 9. माँग 10. अस्तित्व का शहर 11. दरवाज़े 12. खोलना

है नफ़रतें ही चखीं जिसने, कौन उससे कहे
कि भूल कर वो कभी प्यार का नशा तो करे

मैं दूर रह के भी उसका असीर[1] हूँ फ़ारिग़
कभी वो याद-ए-क़फ़स-रंग[2] से रिहा तो करे

6

मुहब्बतों के सफ़र में जतन किये हैं बहुत
हवा की हमक़दमी में भी हम चले हैं बहुत

मुसाफ़िरों के लिए मंज़िलें उदास न हों
अभी जुनूँ की मुसाफ़त में काफ़िले हैं बहुत

वो मोड़ लफ़्ज़ जहाँ साथ छोड़ जाते हैं
जुनून-ए-इश्क़ में हमने भी तय किये हैं बहुत

भटक भी जाएँ मुसाफ़िर तो खो नहीं सकते
कि तेरे प्यार की मंज़िल के रास्ते हैं बहुत

अभी तो वक़्त की मुट्ठी में इतने जुगनू हैं
अभी तो चेहरे उगाने को आईने हैं बहुत

सभी से यूँ तो दिल-ए-ज़ार को शिकायत है
तुम्हारी कम-निगाही से मगर गिले हैं बहुत

---

1. क़ैदी 2. याद के पिंजड़े

7

देखा तुझे तो आँखों ने ऐवाँ सजा लिये
जैसे तमाम खोए हुए ख़्वाब पा लिये

जितने थे तेरे महके हुए आँचलों के रंग
सब तितलियों ने और धनक ने उड़ा लिये

ऐसी घुटी फ़ज़ाओं में कैसे जिएँगे वो
कुछ क़ाफ़िले जो आए हैं ताज़ा हवा लिये

उन सिर-फिरी हवाओं से कुछ आशना तो हूँ
गहरे समंदरों में न कश्ती को डालिए

इज़हार[1] कीजिए कि ज़रा कर्ब[2] कम तो हो
ऐ दोस्तो दुखों को दिलों में न पालिए

ख़ुद ही उठाएँ अपने जुनूँ[3] की जराहतें[4]
ये रोग दूसरों के न खाते में डालिए

पहले ये कोहसार[5] तो तस्ख़ीर[6] कीजिए
फ़ारिग़ अभी फ़लक[7] पे कमंदें न डालिए

8

हवास लूट लिए शोरिश-ए-तमन्ना[8] ने
हरी रुतों के लिए बन गए हैं दीवाने

बदलते देर नहीं लगती अब हक़ीक़त को
जो कल की बात हैं वो आज के हैं अफ़साने

---

1. अभिव्यक्त 2. दुख 3. पागलपन 4. घाव 5. पर्वतमाला 6. जीतना 7. आकाश 8. इच्छा का उन्माद

है अब तो क़त-ए-तअल्लुक़[1] की एक ही सूरत
ख़ुदा करे तू हमें देखकर न पहचाने

जो तेरे कूचे से निकले तो इक तमाशा थे
अजीब नज़रों से देखा है हमको दुनिया ने

सफ़र में कोई किसी के लिए ठहरता नहीं
न मुड़ के देखा कभी साहिलों को दरिया ने

ख़िज़ाँ[2] ने दस्त-ए-बसारत[3] को डस लिया फ़ारिग़
चले थे क़ाफ़िला-ए-फ़स्ल-ए-गुल[4] को ठहराने

9

हमें सलीक़ा न आया जहाँ में जीने का
कभी किया न कोई काम भी क़रीने का

तुम्हारे साथ ही उसको भी डूब जाना है
यह जानता है मुसाफ़िर तेरे सफ़ीने[5] का

कुछ उससे साथ निभाना, मुहाल[6] था यूँ भी
हमारा अपना था अंदाज़ एक जीने का

सख़ावतों[7] ने गुहरसाज़[8] कर दिया है उन्हें
कोई सदफ़[9] नहीं मोहताज आबगीने[10] का

जो अपने इल्म[11] का फ़ैज़ान[12] आम कर न सके
वो अह्ल-ए-फ़न[13] भी फ़क़त नाग है दफ़ीने का[14]

---

1. संबंध-विच्छेद 2. पतझड़ 3. दृष्टि का हाथ 4. वसंत ऋतु का क़ाफ़िला 5. नाव 6. कठिन 7. दानशीलता 8. मोती बनाने वाला 9. सीपी 10. बोतल 11. ज्ञान 12. लाभ 13. विद्वान 14. खज़ाना

10

अपने ख़्वाबों की जो ख़ुशबू से बिछड़ जाते हैं
रतजगे उसको मनाने के लिए आते हैं

कभी दिल में हो चराग़ाँ[1] तो मेरे कानों में
किसी अनदेखी-सी दुनिया के पयाम आते हैं

कितने ऐसे भी ख़यालात हैं जो ज़ह्नों में
पैदा होने से बहुत पहले ही मर जाते हैं

देखता हूँ तेरे ज़ख़्मों को जो महबूब वतन
ग़म मुझे दर्द की दीवार में चुन जाते हैं

ऐसे पत्थर हुए अहबाब[2] के चेहरे फ़ारिग़
अब मुरव्वत[3] की हँसी को भी तरस जाते हैं

---

1. रौशनी 2. मित्र लोग 3. लिहाज़

बाक़ी सिद्दीक़ी

नाम : मोहम्मद अफ़ज़ल। इनका जन्म 20 सितम्बर, 1905 को सहाम : तहसील रावलपिंडी में हुआ। शिक्षा : मैट्रिक।

बाक़ी सिद्दीक़ी उन वक़्तों में पैदा हुए, जब सामंतवाद और अंग्रेज़ी राज की टक्कर के बाद, जागीरदारी सरमायादारी निज़ाम से हार चुकी थी। बाक़ी के बचपन के गाँवों का समाज ढह रहा था और साथ ही उभर रहा था एक शहरी समाज जिसकी बुनियादें भाईचारे के बजाय सौदागरी स्वार्थ पर खड़ी थीं। पिता रेलवे के महकमे में थे। बाक़ी सिद्दीक़ी ने उनकी नौकरी के तबादलों में सरहदी सूबों के कई रेलवे स्टेशनों पर गाड़ियों के आने-जाने के अलावा मशीनी सभ्यता के चंगुल कस्बों पर फैलते देखे। गाँवों को शह्र बनते और देहाती ज़िंदगी के सादा संबंधों को छिजते हुए देखा।

पिता का देहांत हो जाने पर, बाक़ी सिद्दीक़ी ने नौकरी की तलाश में शह्र का रुख़ किया। कई बरस शह्र में रहे। पर शहरी माहौल रास न आया तो उन्होंने फिर से गाँव की राह ली। लेकिन ये लौटना मज़ाक़ था। अब के जो गाँव पहुँचे तो वही शहर का-सा नक़्शा पाया :

मुँह खोले हुए बैठे हैं कशकोल[1] की सूरत
याक़ूत-ए-गिरां माया में ता-नान-ए-जवीं लोग[2]

स्वर्गीय बाक़ी सिद्दीक़ी की रचनाएँ सूफ़ी शायरों की याद दिलाती हैं जिन्होंने पहले-पहल ग़ज़ल को इंसान के ज़मीर की आवाज़ बनाया था। बाक़ी को विरसे में मिली पुरानी देहाती समाज-व्यवस्था प्यारी थी। उनके यहाँ, माशूक़ की निष्ठुरता, विरह के सोज़ और बाँकों की बेवफ़ाई की शिकायत से कहीं ज़्यादा उन मूल्यों का मातम है जो यांत्रिक सभ्यता की चपेट से तहस-नहस हो गए। प्रकाशन हैं : 'जाम-ए-जम' (नज़्में), 'दार-ओ-रसन' (नज़्में और ग़ज़लें), 'ज़ख़्म-ए-बहार' (ग़ज़लें), 'बार-ए-सफ़र' (ग़ज़लें), 'कच्चे घड़े' (पंजाबी नज़्में)।

---

1. भिक्षापात्र 2. बहुमूल्य रत्न से जौ की रोटी तक

ग़ज़ल

1

ख़बर कुछ ऐसी उड़ाई किसी ने गाँव में
उदास फिरते हैं हम बेरियों की छाँव में

नज़र-नज़र से निकलती हैं दर्द की टीसें
क़दम-क़दम पे वो काँटे चुभे हैं पाँव में

हर एक सम्त[1] से उड़-उड़ के रेत आती है
अभी है ज़ोर वही दश्त की हवाओं में

ग़मों की भीड़ में उम्मीद का वो आलम है
कि जैसे एक सख़ी हो कई गदाओं[2] में

अभी है गोश-बर-आवाज़[3] घर का सन्नाटा
अभी कशिश है बड़ी, दूर की सदाओं[4] में

चले तो हैं किसी आहट का आसरा ले कर
भटक न जाएँ कहीं अजनबी फ़ज़ाओं में

धुआँ-धुआँ-सी है खेतों की चाँदनी बाक़ी
कि आग शह्र की अब आ गई है गाँव में

---

1. ओर 2. फ़क़ीरों 3. आवाज़ पर कान लगाए हुए 4. आवाज़ों

2

अपनी धूप में भी कुछ जल
हर साये के साथ न ढल

लफ़्ज़ों के फूलों पे न जा
देख सिरों पर चलते हल

दुनिया बर्फ़ का तोदा है
जितना जल सकता है जल

ग़म की नहीं आवाज़ कोई
काग़ज़ काले करता चल

बनके लकीरें उभरे हैं
माथे पर राहों के बल

मैंने तेरा साथ दिया
मेरे मुँह पर कालक[1] मल

आस के फूल खिले बाक़ी
दिल से गुज़रा फिर बादल

3

दाग़-ए-दिल हमको याद आने लगे
लोग अपने दिये जलाने लगे

कुछ न पा कर भी मुतमइन[2] हैं
हम इश्क़ में हाथ क्या ख़ज़ाने लगे

1. कालिख 2. संतुष्ट

यही रस्ता है अब यही मंज़िल
अब यहीं दिल किसी बहाने लगे

ख़ुद-फ़रेबी-सी[1] ख़ुद-फ़रेबी है
पास के ढोल भी सुहाने लगे

अब तो होता है हर क़दम पे गुमाँ
हम ये कैसा क़दम उठाने लगे

इस बदलते हुए ज़माने में
तेरे क़िस्से भी कुछ पुराने लगे

रुख़ बदलने लगा फ़साने का
लोग महफ़िल से उठके जाने लगे

एक पल में वहाँ से हम उट्ठे
बैठने में जहाँ ज़माने लगे

अपनी क़िस्मत से है मफ़र[2] किसको
तीर पर उड़के भी निशाने लगे

शाम का वक़्त हो गया बाक़ी
बस्तियों से शरार[3] आने लगे

4

उनका या अपना तमाशा देखो
जो दिखाता है ज़माना देखो

---

1. अपने को धोखे में रखना 2. वो स्थान जहाँ भाग कर छिपा जा सके 3. चिंगारी

वक़्त के पास हैं कुछ तसवीरें
कोई डूबा है कि उभरा देखो

रंग साहिल का निखर आएगा
दो घड़ी जानिब-ए-दरिया[1] देखो

तिलमिला उट्ठा घना सन्नाटा
फिर कोई नींद से चौंका, देखो

हमसफ़र ग़ैर हुए जाते हैं
फ़ासला रह गया कितना देखो

बर्फ़ हो जाता है सदियों का लहू
एक ठहरा हुआ लम्हा देखो

रंग उड़ते हैं तबस्सुम की तरह
आईना-ख़ानों का दावा देखो

दिल की बिगड़ी हुई सूरत है जहाँ
अब कोई और ख़राबा[2] देखो

या किसी पर्दे में गुम हो जाओ
या उठाकर कोई पर्दा देखो

दोस्ती ख़ून-ए-जिगर चाहती है
काम मुश्किल है तो रस्ता देखो

सादा काग़ज़ की तरह दिल चुप है
हासिल-ए-रंग-ए-तमन्ना देखो

---

1. दरिया की ओर 2. निर्जन स्थान

यही तसकीन[1] की सूरत है तो फिर
चार दिन ग़म को भी अपना देखो

ग़मगुसारों[2] का सहारा कब तक
ख़ुद पे भी करके भरोसा देखो

अपनी नियत पे न जाओ बाक़ी
रुख़ ज़माने की हवा का देखो

5

सुबह का भेद मिला क्या हमको
लग गया रात का धड़का हमको

शौक़-ए-नज़ारा[3] का पर्दा उट्ठा
नज़र आने लगी दुनिया हमको

कश्तियाँ टूट गई हैं सारी
अब लिए फिरता है दरिया हमको

भीड़ में खो गए आख़िर हम भी
न मिला जब कोई रस्ता हमको

तल्ख़ी-ए-ग़म[4] का मुदावा[5] मालूम
पड़ गया ज़ह्र का चस्का हमको

तेरे ग़म से तो सुकूँ मिलता है
अपने शोलों ने जलाया हमको

1. संतोष 2. सहानुभूति करने वाला 3. दर्शन की अभिलाषा 4. दुख का कड़वापन 5. उपचार

घर को यूँ देख रहे हैं जैसे
आज ही घर नज़र आया हमको

हम कि शोला भी हैं और शबनम भी
तूने किस रंग में देखा हमको

जलवा-ए-लाला-ओ-गुल[1] है दीवार
कभी मिलते सर-ए-सहरा हमको

ले उड़ी दिल को नसीम-ए-सहरी[2]
बू-ए-गुल[3] कर गई तन्हा हमको

सैर-ए-गुलशन ने किया आवारा
लग गया रोग सबा का हमको

याद आई हैं बरह्ना[4] शाख़ें
थाम ले ऐ गुल-ए-ताज़ा, हमको

ले गया साथ उड़ा कर बाक़ी
एक सूखा हुआ पत्ता हमको

6

यूँ भी होने का पता देते हैं
अपनी ज़ंजीर हिला देते हैं

पहले हर बात पे हम सोचते थे
अब फ़क़त[5] हाथ उठा देते हैं

---

1. फूलों का प्रदर्शन 2. सुबह की हवा 3. फूल की ख़ुशबू 4. नंगी 5. केवल

क़ाफ़िला आज कहाँ ठहरेगा
क्या ख़बर आबला-पा[1] देते हैं

बाज़-औक़ात[2] हवा के झोंके
लौ चराग़ों की बुझा देते हैं

दिल में जब बात नहीं रह सकती
किसी पत्थर को सुना देते हैं

एक दीवार उठाने के लिए
एक दीवार गिरा देते हैं

सोचते हैं सर-ए-साहिल[3] बाक़ी
ये समंदर हमें क्या देते हैं

7

कहता है हर मकीं[4] से मकाँ[5], बोलते रहो
इस चुप में भी है जी का ज़ियाँ[6], बोलते रहो

हर याद, हर ख़याल है लफ़्ज़ों का सिलसिला
यह महफ़िल-ए-नवा[7] है यहाँ बोलते रहो

मौज-ए-सदा-ए-दिल[8] पे रवाँ है हिसार-ए-ज़ीस्त[9]
जिस वक़्त तक है मुँह में ज़ुबाँ, बोलते रहो

अपना लहू ही रंग है, अपनी तपिश ही बू
हो फ़स्ल-ए-गुल[10] कि दौर-ए-ख़िज़ाँ[11], बोलते रहो

---

1. वो जिसके पाँव में छाले हों 2. कभी-कभी 3. समुद्र-तट पर 4. रहने वाला 5. घर 6. हानि 7. स्वर-सभा 8. दिल की आवाज़ की लहर 9. जीवन की परिधि 10. वसंत ऋतु 11. पतझड़ का समय

क़दमों पे बार होते हैं सुनसान रास्ते
लम्बा सफ़र है हम-सफ़राँ[1], बोलते रहो

है ज़िंदगी भी टूटा हुआ आईना तो क्या
तुम भी ब-तर्ज़-ए-शीशा-गराँ[2], बोलते रहो

बाक़ी जो चुप रहोगे तो उठेंगी अँगुलियाँ
है बोलना भी रस्म-ए-जहाँ[3], बोलते रहो

अशआर

हर काम अधूरा नज़र आता है जहाँ का
हर सम्त तेरी नीम निगाही का समाँ है

एक दीवार की दूरी है क़फ़स
तोड़ सकते तो चमन में होते

आप तक है न ग़म-ए-जहाँ तक है
जाने ये सिलसिला कहाँ तक है

इस दौर से चुपचाप गुज़र जा दिल-ए-नादाँ
एहसास की आवाज़ भी सुन लें न कहीं लोग

हादसा है कोई होने वाला
दिल के मानिंद धड़कती है ज़मीं

दिल से इक बात कर रहे हैं हम
पास बैठा न कोई सुनता हो

1. बोझ 2. शीशा बनाने वालों की तरह 3. संसार की परंपरा

मजीद अमजद

मजीद अमजद का जन्म 29 जून, 1914 को झंग में हुआ।

इस्लामिया हाईस्कूल से दसवीं कक्षा पास करने के बाद 1932 में गवर्नमेंट कॉलेज, झंग से इंटर और 1934 में इस्लामिया कॉलेज, लाहौर से बी.ए. किया। चंद दिन तक एक क़ानूनगों के मातहत 1935 के संविधान के लिए वोटरों की लिस्ट बनाने का काम किया। एम्पायर-ऑफ़-इंडिया इंश्योरेंस कंपनी के एजेंट रहने के बाद 1940 तक साप्ताहिक 'उरूज' (झंग) का संपादन किया। दूसरे विश्वयुद्ध के दौरान साप्ताहिक 'उरूज' छोड़ना पड़ा। तीन साल डिस्ट्रिक्ट बोर्ड के कार्यालय में रहे। 1944 से सरकारी नौकर हो गए।

मजीद अमजद ने अपने पहले संकलन का नाम रखा था 'शब-ए-रफ़्ता', यानी रात गुज़र गई। लेकिन मजीद की दुनिया में किताबी शीर्षकों से बाहर फैले अँधेरे बरक़रार रहे। सिर्फ़ रात का अँधेरा होता तो मजीद जुगनुओं की टिमटिमाहट से भी रास्ता तलाश कर लेता। लेकिन मजीद दिन के अँधेरों को पाटना चाहता था जो शायरी की शमा से उजागर भले हो जाएँ, मिटते नहीं। यही खटक मजीद की ग़मे-मंज़िल बनी। वो गुमसुम कोनों में बैठ जली-बुझी दुनिया की राख से चिंगारियाँ चुन-चुन कर तजुर्बों के चराग़ जलाने लगा।

मजीद अमजद ने नज़्में और ग़ज़लें दोनों कही हैं। आलोचकों ने उसकी ग़ज़ल को नज़र-अंदाज़ किया है लेकिन उसकी ग़ज़लों में तमाम रिवायती[1] फ़न्नी[1] और इज़हारी[3] ख़ूबियाँ हैं। मौज़ूआती और हैअती तजुर्बों के साथ-साथ बेसाख़्तापन[4], ताज़गी[5], तासीर[6], तग़ज़्ज़ल[7] और गहराई है। जुल्फ़िकार अहमद ताबिश के शब्दों में "गूनागूँ[8] रवैय्यों[9] और रुझानात[10] की नफ़ी[11] या इसबात[12] उसकी शायरी में यूँ नहीं आते कि उन्हें शायरी का उन्वान[13] बना कर रिपोर्टिंग कर दी गई हो। बल्कि उसका रद्‌द-ए-अमल[1] आला[2] शेरी महासिन[3] और मेयार[4] के साथ पेश होता है।"

---

1. पारंपरिक 2. कलात्मक 3. अभिव्यक्ति-विषयक 4. सहजता 5. नवीनता 6. प्रभाव्यता 7. ग़ज़ल का रंग 8. नित-नए 9.नियम 10. प्रवृत्तियाँ 11. अस्वीकृति 12. प्रमाण 13. शैली

'शबे-रफ़्ता' प्रकाशित हुई तो कुछ साहित्यिक दिग्गजों के महल हिल गए थे। लेकिन मजीद अमजद को क्या फ़र्क पड़ता। डॉ. सलीम अख़्तर बताते हैं : "मजीद अमजद सारी उम्र अदीबों के गढ़ लाहौर से दूर रहा। न उसने लाहौरी अदीबों के जनरल बस स्टाप यानी टी हाउस में अपना खोमचा लगाने की कोशिश की न रेडियो, टी.वी. के प्रोड्यूसरों पर परवाना बनकर निसार हुआ। पब्लिक रिलेशनिंग के फ़न में वो ख़ासा नालायक़ था। उसने अपनी ज़िंदगी में कभी किसी संस्था के साथ अपने नाम की शाम मनाने की ज़रूरत महसूस न की। पत्रिकाओं के नंबर तो निकलने का सवाल ही पैदा नहीं होता। इसकी वजह कुछ भी हो लेकिन तमाम उम्र वो अंजुमन-अंजुमन तनहा रहा।"

मजीद अमजद का दौर, साहित्य में रूमानियत, प्रगतिवाद और आधुनिकीकरण की धुँधलाहटों और रौशनी के संघर्ष का युग था। लेकिन मजीद अमजद इस कशमकश से अलग-थलग अतृप्त अनुभवों के संदेशवाहक कबूतर उड़ाता रहा। आज जब मजीद अमजद हमारे बीच नहीं है तो उसके छोड़े हुए कविता-वाही कपोत कला के कंगूरों पर उड़ते-उतरते उसकी निशानदेही कर रहे हैं।

11 मई, 1974 को इनका निधन हो गया।

---

1. प्रतिक्रिया 2. उत्तम 3. काव्य की अच्छाइयाँ 4. स्तर

ख़ुदकुशी

हाँ, मैंने भी सुना है तुम्हारे पड़ोस में
कल रात एक हादसा-ए-क़त्ल हो गया
हाँ, मैंने भी सुना है कि इक जाम ज़ह्र का
दो जीवनों की नन्ही-सी नौका डुबो गया
कोई दुखी जवान वतन अपना छोड़कर
अपनी सखी के साथ इक और देस को गया
दुनिया के ख़ारज़ार[1] में सौ ठोकरों के बाद
यूँ आख़िर उनका क़िस्सा-ए-ग़म ख़त्म हो गया
यूँ तय किया उन्होंने मुहब्बत का मरहला[2]
एक-एक घूँट—और जो होना था हो गया
दोनों की आँख में था इक-इक अश्क[3] मुंजमिद[4]
जो ख़ुश्क-ख़ुश्क पलकों की नोकें भिगो गया
कुछ कह न पाई थी वो कि ख़ामोश हो गई
कोई जवाब देने को था वो कि सो गया
पैमाना-ए-अजल[5] का वो तल्ख़ावा[6] इस तरह
रूहों के ज़ख़्मों, सीनों के दागों को धो गया
अक्सर यूँ ही हुआ है कि उल्फ़त का इम्तिहान
दुश्वारियों में मौत की आसान हो गया
आओ ना हम भी तोड़ दें इस दाम-ए-ज़ीस्त[7] को
संग-ए-अजल[8] पे फोड़ दें इस जाम-ए-ज़ीस्त[9] को

---

1. जहाँ काँटे ही काँटे हों 2. लंबी यात्रा 3. आँसू 4. जमा हुआ 5. मृत्यु का पैमाना 6. विष का पानी 7. जीवन का फंदा 8. मृत्यु का पत्थर 9. जीवन का प्याला

एक नज़्म

दोस्त, ये सब सच है, लेकिन ज़िंदगी
काटनी तो है, बसर करनी तो है!
घात में हो मुंतज़िर चिल्ले पे तीर
हिरनियों ने चौकड़ी भरनी तो है!

काट दी कितनी रुतों की गर्दनें
भागते लम्हों के चलते आरों ने
हाँ ये सब सच है, पर इस का क्या इलाज
चार दिन जीना है हम बेचारों ने

हमने भी अपनी नहीफ़[1] आवाज़ को
शामिल-ए-शोर-ए-जहाँ[2] करना तो है
ज़िंदगी इक गहरी, कड़वी, लंबी साँस
दोस्त, पहले जी भी लें मरना तो है

मौत कितनी तीरा-ओ-तारीक[3] है!
होगी, लेकिन मुझको इसका ग़म नहीं
क़ब्र के अंधे गढ़े के इस तरफ़
इस तरफ़, बाहर, अँधेरा कम नहीं

हाँ, इसी गुमसुम अँधेरे में अभी
बैठकर वो राख चुननी है हमें
राख, उन दुनियाओं की जो जल बुझीं
राख, जिसमें लाख ख़ूनी शबनमें

1. धीमी 2. संसार के कोलाहल में सम्मिलित 3. अँधेरी

जीस्त की पलक से टप-टप फूटती
जाने कब से जज़्ब होती आई हैं
कितनी रूहें उन ज़मानों का ख़मीर
अपने अश्कों में समोती आई हैं

जानता हूँ, मेरे दिल की आग को
चंद माह-ओ-साल के ईंधन का ढेर
देर तक ताबिंदा[1] रख सकता नहीं!

ज़ीस्त[2] इमकानात[3] का इक हेर-फेर
क्या अजब है, मेरे सीने का शरर[4]
इक तमन्ना-ए-बग़लगीरी[5] के सात[6]
वक़्त के मरघट पे बाँहें खोल दे
इक निराली सुबह बन जाए ये रात!

रातों को

आँखों में कोई बस जाता है
मीठी-सी हँसी हँस जाता है
एहसास की लहरें उन तारीक[7] जज़ीरों[8] से टकराती हैं
जहाँ नग़मे पंख सँवारते हैं
संगीन फ़सीलों के गुंबद से पहरेदार पुकारते हैं
"क्या करता है"
दिल डरता है
दिल डरता है, इन काली अकेली रातों से दिल डरता है
इन सूनी तनहा रातों में
दिल डूबके गुज़री बातों में
जब सोचता है, क्या देखता है, हर सम्त धुएँ का
बादल है वादी-ओ-बयाबाँ[9] जल-थल है

---

1. प्रकाशमान 2 जीवन 3. संभावना (वह) 4. चिंगारी 5. आलिंगन की कामना 6. साथ
7. अंधकारमय 8. द्वीपों 9. घाटी और जंगल

ज़ख़्ख़ार[1] समंदर सूखे हैं पुरहौल[2] चट्टानें पिघली हैं
धरती ने टूटते तारों की जलती हुई लाशें निगली हैं
पिनहा-ए-ज़माँ[3] के सीने पर इक मौज अँगड़ाई लेती है
इस आब-ओ-गिल[4] की दलदल में इक चाप सुनाई देती है
इक थिरकन-सी, इक धड़कन-सी, आफ़ाक़ की ढलवानों में कहीं
तानें जो हुमककर मिलती हैं, चल पड़ती हैं, रुकती ही नहीं
इन रागनियों के भँवर-भँवर में सदहा[5] सदियाँ[6] घूम गईं
इस क़र्न-आलूद[7] मुसाफ़त[8] में लाख आबले[9] फूटे, दीप बुझे
और आज किसे मालूम ज़मीर-ए-हस्ती[10] का आहंग-ए-तपाँ[11]
किस दूर के देस के कोहरों में लरज़ाँ-लरज़ाँ[12] रक़्साँ-रक़्साँ[13]
इस साँस की रौ तक पहुँचा है
इस मेरे मेज़ की जलती हुई क़ंदील की लौ तक पहुँचा है
कौन आया है? कौन आता है? कौन आएगा?
अनजाने मन की मूर्खता को क्या-क्या ध्यान गुज़रता है
दिल डरता है
दिल डरता है इन काली अकेली रातों से दिल डरता है!

ग़ज़ल

1

क्या रूप दोस्ती का, क्या रंग दुश्मनी का
कोई नहीं जहाँ में कोई नहीं किसी का

इक तिनका आशियाना, इक रागनी असासा[14]
इक मौसम-ए-बहाराँ[15], मेहमान दो घड़ी का

1. अपार 2. भयंकर 3. कालांतर 4. मिट्टी और पानी 5. सैकड़ों 6. शताब्दियाँ 7. शताब्दियों से भरी 8. यात्रा 9. छाले 10. अस्तित्व की अंतरात्मा 11. तपा हुआ संकल्प 12. थरथराता हुआ 13. नाचता हुआ 14. पूँजी 15. वसंत

आख़िर कोई किनारा, इस सैल-ए-बेकराँ[1] का
आख़िर कोई मुदावा[2], इस दर्द-ए-ज़िंदगी का

मेरी सियह-शबी[3] ने इक उम्र आरज़ू की
लरज़े कभी उफ़क़ पर तागा-सा रौशनी का

शायद इधर से गुज़रे फिर भी तेरा सफ़ीना
बैठा हुआ हूँ साहिल पर नै-ब-लब कभी का

इस इल्तिफ़ात[4] पर हों लाख इल्तिफ़ात क़ुरबाँ
मुझसे कभी न फेरा रुख़ तूने बे-रुख़ी का

अब मेरी ज़िंदगी में आँसू हैं और न आहें
लेकिन ये एक मीठा-मीठा-सा रोग जी का

ओ मुस्कुराते तारो, ओ खिलखिलाते फूलो
कोई इलाज मेरी आशुफ़्ता-ख़ातिरी[5] का

2

जब इक चराग़-ए-रहगुज़र की किरन पड़े
होंटों की लौ लतीफ़[6] हिजाबों[7] से छन पड़े

शाख़[8]-ए-अबद[9] से झड़ते ज़मानों का रूप हैं
ये लोग, जिनके रुख़ पे गुमान-ए-चमन[10] पड़े

ये किस हसीं दयार की ठंडी हवा चली
हर मौजा-ए-ख़याल[11] पर सदहा[12] शिकन पड़े

---

1. असीम समुद्र 2. इलाज 3. रात का अँधेरा 4. कृपा 5. मन की एकाग्रता 6. बारीक 7. पर्दों 8. डाली 9. वो समय जिसका अंत न ज्ञात हो 10. बाग़ का भ्रम 11. विचार की लहर 12. सैकड़ों

ये कौन है, लबों में रसीली रुतें घुलीं
पलकों की ओट, नींद में गुलगूँ[1] गगन पड़े

इक पल भी कू-ए-दिल[2] में न ठहरा वो रह-नवर्द[3]
अब जिसके नक़्श-ए-पा[4] में चमन-दर-चमन पड़े

इक जस्त[5] इस तरफ़ भी ग़ज़ाल-ए-ज़माना[6] रक़्स
रह तेरी देखते हैं ख़ता[7]-ओ[8]-ख़ुतन[9] पड़े

जब अंजुमन[10] तमव्वुज-ए-सद-गुफ़्तगू[11] में हो
मेरी तरफ़ भी इक निगह-ए-कम-सुख़न[12] पड़े

सहरा-ए-ज़िंदगी[13] में जिधर भी क़दम उठें
रस्ते में एक आरज़ुओं का चमन पड़े

इस जलती धूप में ये घने सायादार पेड़
मैं अपनी ज़िंदगी उन्हें दे दूँ जो बन पड़े

ऐ शातिर-ए-अज़ल[14] तेरे हाथों को चूम लूँ
क़ुरए[15] में मेरे नाम जो दीवानापन पड़े

ऐ सुब्ह-ए-देर-ख़ेज़[16], उन्हें आवाज़ दे जो हैं
इक शाम ज़ूद-ख़्वाब[17] के सुख में मगन पड़े

अमजद तरीक़-ए-मय में है ये एहतियात शर्त
इक दाग़ भी कहीं न सर-ए-पैरहन[18] पड़े

---

1. लाल रंग का 2. मन की गली 3. रास्ता तय करने वाला 4. पाँव का निशान 5. छलाँग 6. समय का हिरन 7. चीन का एक प्रदेश 8. और 9. चीन का एक नगर जहाँ की कस्तूरी प्रसिद्ध है 10. सभा 11. बातचीत का शोर 12. ख़ामोश दृष्टि 13. जीवन का रेगिस्तान 14. ईश्वर 15. पाँसा 16. देर से होने वाली सुबह 17. जल्दी सोना 18. वस्त्र में

3

कभी तो सोच तेरे सामने नहीं गुज़रे
वो सब समय, जो तेरे ध्यान से नहीं गुज़रे

यह और बात कि हूँ उनके दरमियाँ मैं भी
ये वाक़ए किसी तक़रीब[1] से नहीं गुज़रे

इन आईनों में जले हैं हज़ार अक्स-ए-अदम[2]
दवाम-ए-दर्द[3]! तेरे रतजगे नहीं गुज़रे

सिपुर्दगी में भी इक रम्ज़-ए-ख़ुद-निगहदारी[4]
वो मेरे दिल से मेरे वासते नहीं गुज़रे

बिखरती लहरों के साथ उन दिनों के तिनके भी थे
जो दिल में बहते हुए रुक गए, नहीं गुज़रे

उन्हें हक़ीक़त-ए-दरिया की क्या ख़बर, अमजद
जो अपनी रूह की मंजधार से नहीं गुज़रे

4

अब ये मुसाफ़त कैसे तय हो, ऐ दिल तू ही बता
कटती उम्र और घटते फ़ासले, फिर भी वही सहरा

चैत आया, चेतावनी भेजी, अपना वचन निभा,
पतझड़ आई, पत्तर लिखे, आ, जीवन बीत चला

ख़ुशियों का मुख चूमके देखा, दुनिया मान-भरी
दुख वो सजन कठोर कि जिसको रूह करे सज्दा

---

1. कारण 2. परलोक के प्रतिबिंब 3. दुख की नित्यता 4. अपनी रक्षा करने का संकेत

अपना पैकर, अपना साया, काले कोस कठिन
दूरी की जब संगत टूटी, कोई क़रीब न था

अपने गिर्द अब अपने-आप में घुलती सोच भली
किसके दोस्त और कैसे दुशमन, सबको देख लिया

काँच की इक दीवार ज़माना, आमने-सामने हम
नज़रों से नज़रों का बंधन, जिस्म से जिस्म जुदा

राहें धड़की, शाख़ें कड़की, इक-इक टीस अटल
कितनी तेज़ चली है अबके धूल-भरी दखिना

दुखड़े कहते लाखों मुखड़े, किस-किसकी सुनिए
बोली तो इक-इक की वैसी, बानी सबकी जुदा

5

दिल ने एक-एक दुख सहा तन्हा
अंजुमन-अंजुमन रहा तन्हा

ढलते सायों में तेरे कूचे से
कोई गुज़रा है बारहा[1], तन्हा

तेरी आहट क़दम-क़दम, और मैं
उस मइय्यत[2] में भी रहा तन्हा

कुहना[3] यादों के बर्फ़-ज़ारों[4] से
एक आँसू बहा, बहा तन्हा

---

1. प्राय: 2. संगत 3. पुरानी 4. जहाँ बर्फ़ ही बर्फ़ हो (बहु.)

डूबते साहिल के मोड़ पे दिल
इक खंडहर-सा रहा-सहा, तन्हा

गूँजता रह गया ख़लाओं[1] में
वक़्त का एक कहक़हा, तन्हा

6

और अब ये कहता हूँ, ये जुर्म तो रवा[2] रखता
मैं उम्र अपने लिए भी तो कुछ बचा रखता

ख़याल सुबहों, किरन साहिलों की ओट, सदा
मैं मोतियों-जड़ी बंसी की लय जगा रखता

जब आसमाँ पे ख़ुदाओं के लफ़्ज टकराते
मैं अपनी सोच की बेहर्फ़ लौ जला रखता

हवा के सायों में, हिज्र[3] और हिजरतों[4] के वो ख़्वाब
मैं अपने दिल में वो सब मंज़िलें सजा रखता

इन्ही हदों तक उभरती, ये लहर जिसमें हूँ मैं
अगर मैं सब ये समंदर भी वक़्त का रखता

पलट पड़ा हूँ शुआओं[5] के चीथड़े ओढ़े
निशेब[6] ज़ीना-ए-अय्याम[7] पर असा[8] रखता

ये कौन है जो मेरी ज़िंदगी में आ-आ कर
है मुझ में खोए मेरे जी को ढूँढता रखता

किसी ख़याल में हूँ या किसी ख़ला में हूँ
कहाँ हूँ कोई जहाँ तो मेरा पता रखता

---

1. अंतरिक्ष (बहु) 2. उचित 3. विरह 4. प्रवास 5. किरण 6. निचाई 7. दिनों की सीढ़ी 8. लाठी

जो शिकवा अब है यही इब्तिदा[1] में था अमजद
करीम[2] था, मेरी कोशिश में इंतिहा[3] रखता

7

किसकी घात में गुमसुम हो? ख़्वाबों के शिकारी जागो भी
अब आकाश से पूरब का चरवाहा रेवड़ हाँक चुका

मैं जो तेरी राग सभा में रास रचाने आया था
दिल की झनकती झाँझन तेरी पाज़ेबों में टाँक चुका

बोझल पर्दे, बंद झरोखा, हर साया—रंगी धोखा
मैं इक मस्त हवा का झोंका, द्वारे-द्वारे झाँक चुका

उजड़ी यादों के शह्र-ए-ख़मोशाँ में क्या ढूँढते हो
अब वो ज़माना वक़्त की मैली चादर में मुँह ढाँक चुका

किसको ख़बर, ऐ शमा, तेरी इस डोलती लौ में परवाना
कितने बगूले फूँक चुका और कितने अलाव फाँक चुका

8

दिल से हर गुज़री बात गुज़री है
किस क़यामत की रात गुज़री है

चाँदनी, नीम-वा दरीचा[4], सुकूत[5]
आँखों-आँखों में रात गुज़री है

---

1. आरंभ 2. कृपालु (ईश्वर) 3. चरम सीमा 4. अधखुली खिड़की 5. सन्नाटा

हाए वो लोग, ख़ूबसूरत लोग
जिन की धुन में हयात[1] गुज़री है

तमतमाता है चेहरा-ए-अय्याम[2]
दिल पे क्या वारदात गुज़री है

किसी भटके हुए ख़याल की मौज
कितनी यादों के सात[3] गुज़री है

फिर कोई आस लड़खड़ाई है
कि नसीम-ए-हयात[4] गुज़री है

बुझते जाते हैं दुखती पलकों पे दीप
नींद आई है, रात गुज़री है

9

सदियों से राह तकती हुई वादियों में तुम
इक लम्हा आ के हँस गए, मैं ढूँढता फिरा

इन वादियों में बर्फ़ के छींटों के साथ-साथ
हर सू शरर बरस गए मैं ढूँढता फिरा

रातें तराइयों की तहों में लुढ़क गईं
दिन दलदलों में धँस गए मैं ढूँढता फिरा

राहें धुएँ से भर गईं मैं मुंतज़िर रहा
क़र्नों[5] के रुख़ झुलस गए मैं ढूँढता फिरा

तुम फिर न आ सकोगे, बताना तो था मुझे
तुम दूर जा के बस गए मैं ढूँढता फिरा

---

1. जीवन 2. दिनों का मुख 3. साथ 4. जीवन की ठंडी और धीमी हवा 5. लंबा समय जो 30 से 100 वर्ष तक माना जाता है

10

जो दिल ने कह दी है वो बात अनकही भी न थी
ये मौज तो तह-ए-दरिया कभी रही भी न थी

झुकीं जो सोचती पलकें तो मेरी दुनिया को
डुबो गई वो नदी जो अभी बही भी न थी

सरक गया कोई साया, सिमट गया कोई दौर
किसी के अक्स की प्यासी, कशिश सही भी न थी

सुनी जो बात कोई अनसुनी तो याद आया
वो दिल कि जिसकी कहानी कभी कही भी न थी

नगर-नगर वही आँखें पस-ए-ज़माँ[1] पस-ए-दर[2]
मेरी ख़ता की सज़ा उम्र-ए-गुमरही[3] भी न थी

किसी की रूह तक इक फ़ासला ख़याल का था
कभी-कभी तो ये दूरी रही-सही भी न थी

नशे की रौ में ये झलका है क्यों नशे का शुऊर
इस आग में तो कोई आब-ए-आगही[4] भी न थी

ग़मों की राख से अमजद, वो ग़म तुलू[5] हैं हुए
जिन्हें नसीब इक आह-ए-सहर-गही[6] भी न थी

---

1. संसार के पीछे 2. दरवाज़े के पीछे 3. आजीवन पथभ्रष्टता 4. ज्ञान का पानी 5. उदय
6. प्रात:काल का आर्तनाद

वज़ीर आग़ा

डॉक्टर वज़ीर आग़ा का जन्म 18 मई, 1922 को सरगोधा के एक गाँव वज़ीरकोट में हुआ। देहाती मदरसों में पढ़ने के बाद गवर्नमेंट कॉलेज, झंग में पढ़ाई और गवर्नमेंट कॉलेज, लाहौर से अर्थशास्त्र में एम.ए.। फिर पंजाब यूनीवर्सिटी से 'उर्दू अदब में तंज-ओ-मिज़ाह' पर डाक्टरेट हासिल की।

प्रारंभिक गद्य-संग्रह 'मसर्रत की तलाश' के बाद 1960 में 'अदबी दुनिया' के सह-संपादक बनकर पाकिस्तानी साहित्य जगत में आधुनिक लेखन को लोकप्रिय बनाने में बड़ा काम किया। 1966 से 'औराक़' निकालना शुरू किया। 'औराक़' भी आधुनिक लेखन का विवादास्पद फ़ोरम था। जलने वालों ने वज़ीर आग़ा की साहित्यिक गतिविधियों की 'सरगोधा-स्कूल-ऑफ़-थॉट' की महंती कहकर मज़ाक उड़ाने की कोशिश की। वज़ीर आग़ा के साथ जुड़े हुए लोगों की जमात अहमद नदीम क़ासमी के 'फ़ुनून' गिरोह से बराबर की टक्कर लेती तो पुराने ज़माने के उस्तादों और लंगोटाबरदारों की अदबी कुश्तियाँ याद आ जाती हैं।

ब-ज़ात-ए-ख़ुद, वज़ीर आग़ा कवि-कर्म में उस्तादी-शागिर्दी के क़ाइल नहीं थे। आधुनिक अभिरुचि ऐसी लल्लो-चप्पो के ढकोसलों का बोझ सहार भी नहीं सकती। कविता में लिखना नज़्मों से शुरू किया था। ग़ज़लें लिखने की कोशिश की तो लफ़्ज़-ओ-मानी की वो-वो ठोकरें खाईं कि अलअमाँ। अस्ल में वज़ीर आग़ा ग़ज़ल के शायर नहीं थे। उनकी सर्वश्रेष्ठ रचनाएँ या तो उनकी नज़्में हैं या फिर आलोचना। कृतियाँ हैं : 'शाम और साये', 'दिन का ज़र्द पहाड़', 'ग़ज़लें' और 'नर्दबान'। आख़िरी संग्रह 'मकतबा-ए-उर्दू ज़बान', सरगोधा से छपे हैं।

07 सितंबर, 2010 को सरगोधा में इनका निधन हो गया।

इक तनहा, बेबर्ग शजर

कौन मुझे दुख दे सकता है
दुख तो मेरे अंदर की किश्त-ए-वीराँ[1] का
इक तनहा, बे-बर्ग[2] शजर[3] है
रुत की नाज़ुक लंबी पोरें
—किरनें, ख़ुशबू, चाप, हवाएँ
जिस्मों पर जब रेंगने-फिरने लगती हैं
मेरे अंदर दुख का सोया पेड़ भी जाग उठता है!
तंग मसामों[4] के गुफ़्रों[5] से
लंबी, नाज़ुक शाख़ें फन फैलाए
तन की अंधी शिरयानों[6] में क़दम-क़दम चलने लगती हैं
शिरयानों से रगों, रगों से नसों के अंदर तक
जाने लगती हैं
फिर वो गर्म लहू में मिलकर
इक-इक बाल की जड़ तक फैलती जाती हैं
और ये मेरा सदियों पुराना मसकन[7], ख़ाली मसकन
ख़ुद भी एक शजर बन जाता है
वक़्त की क़तरा-क़तरा टपकती
सुर्ख़ ज़ुबाँ की नोक पर आकर
जम जाता है

---

1. बंजर खेत 2. बिना पत्तों के 3. पेड़ 4. रोमकूप 5. झरोखा 6. नाड़ी 7. घर

आवेज़िश

आज फिर उससे मुलाक़ात हुई
बाग़ के मग़रिबी[1] गोशे[2] में झुके नीम के छतनार तले
एक बदरंग-सी चादर पर वो बैठा था, मुझे देखकर सरशार[3] हुआ :
"भाई कैसे हो! नज़र तुम कभी आते ही नहीं
आओ कुछ देर मेरे पास तो बैठो—देखो
कैसा चुपचाप है ये बाग़ का गोशा जैसे
किसी मव्वाज[4] समंदर में जज़ीरा[5] कोई
दूर वो सुर्मई बादल फ़ुरोज़ाँ[6] झालर
जैसे हाँ जैसे—मगर ख़ैर कोई बात नहीं
आओ तुम पास तो बैठो मेरे"

और मैं बैठ गया
उसके होंटों से उतरते हुए अलफ़ाज़ की चहकार में ता-देर मैं ख़ामोश रहा
कैसी चहकार थी वो—ख़ुश्क पेड़ों में हवा का नौहा।
जैसे गिरते हुए पत्तों की लगातार सदा।

दफ़अतन[7] सोच के इक अजनबी झोंके ने मुझे छेड़ दिया :
जाने कब से ये मुसाफ़िर है जज़ीरे में मुक़य्यद[8], तनहा
मुंतज़िर[9], आएगी इक रोज़ कहीं से नाव
बादबाँ[10] अब्र का, चाँदी के चमकते चप्पू
रसमसाती हुई इक नर्म रसीली आवाज़ :
तू कहाँ है? तू कहाँ है कि तुझे
ढूँढते-ढूँढते, मैं हार गई हार गई

और बदरंग-सी चादर पे वो बैठा हुआ शख़्स
ख़्वाब में बोलता जाता था, सियह-बासी लफ़्ज़

---

1. पश्चिमी 2. कोना 3. उन्मत्त 4. ज़ोर की लहरें लेता हुआ 5. द्वीप 6. प्रकाशमान 7. सहसा 8. क़ैद 9. प्रतीक्ष्य 10. पोतपट

उसके सूखे हुए होंटों से निकलकर हर सू
झूठे सिक्कों का बनाते चले जाते थे हिसार

आज फिर उससे मुलाक़ात हुई
वहीं उस बाग़ के गोशे में, झुके नीम के छतनार तले
आज फिर उससे मुलाक़ात हुई।

सैल-ए-बला

जो सोचो
तो क़रनों की इस रहगुज़र पर
यूँही एक नटखट-सा लम्हा रुका
अपने टूटे हुए बूट की नोक से
मुझको ठोकर लगाकर
सड़क पर बिछी सुर्ख़ बजरी पे मुझको गिराकर
फिर इक बार
इक तुंद-ख़ू, सिरफिरे, तेज़ झोंके की सूरत रवाना हुआ
तो उस एक ठोकर से मैं
रहगुज़र[1] के सियह रंग कतबे[2] पे लिखा गया
नक़्श-ए-पा[3] था कभी
नक़्श-ए-जाँ हो गया
जाविदाँ[4] हो गया।

हवा के झोंके ने पंख खोले!

सुलगती शब का अजब समाँ था
फ़लक था पीतल का थाल जिसमें
चमकता, काँसी का चंद्रमा था

1 रास्ता 2. शिलालेख 3. पद चिह्न 4. अनश्वर

दिये के मानिंद जो-फ़िशाँ[1] था
दरख़्त चुप थे कि जिस तरह पा-ब-जौलाँ मुजरिम[2]
मकाँ की छत का इक-इक शपरक
ज़मीं के मरक़द का पासबाँ था
था तंग गलियों में गर्म ईंटों का फ़र्श जिस पर
रुका हुआ बेलिबास[3] जिस्मों का कारवाँ था
मैं इस क़दर थक चुका हूँ मुझको
कभी न इस बात का गुमाँ था
तमाम दुनिया मरी पड़ी थी
तमाम आलम धुआँ-धुआँ था

सहर से पहले
न जाने कैसे किसी ने क़ुफ़्ल-ए-जुमूद[4] तोड़ा
हवा के झोंके को बंद पिंजरे से दी रिहाई
फ़ज़ा ने छोड़ा
हवा के झोंके ने पंख खोले
बदन को तोला
चहक उठे शाख़-शाख़ पत्ते
चमकता, काँसी का चाँद—बोला!
परों का उजला-सा लम्स[5]
मेरे बदन पर उतरा तो मैं भी ज़िंदों की
सफ़[6] में आया
मगर वो झोंका तो इक परिंदा था
उड़ गया शव के रास्तों पर
कभी न फिर लौटकर

1. रौशनी फैलाने वाला 2. वो अपराधी जिसके पाँव में बेड़ी पड़ी हो 3. निर्वस्त्र 4. मलिनता का ताला 5. स्पर्श 6. पंक्ति

वो आया!
अगर मेरी ज़ात[1] एक ज़िंदाँ[2] है
जिसके दर से निकल कर तुम फिर
खुली फ़ज़ाओं में पुर-फ़िशाँ[3] हो
तो मुझको तुमसे गिला नहीं है
हवा के झोंके से कब किसी ने गिला किया है?

अलमिया[4]

कहाँ अब कहाँ वो हवा
जो सुनहरी-सी अल्हड़-सी पगडंडियों पर
मेरे पीछे-पीछे चली—मैंने जिससे कहा
यूँ न आ—देख लेगा कोई!
वो हँसी, ज़ह्र में डूबे होंटों ने मुझ से कहा
तू—यूँ ही डर गया
मैं—हवा
दूर परबत पे मेरा नगर
ऊँचे आकाश पर मेरा घर
ज़र्द पगडंडियों से मुझे वास्ता?

और मैं बढ़ता गया
ऊँचा उठता गया
दूर परबत पे पहुँचा तो गूँगा नगर
मुझ को हैरत से तकने लगा
सूने आकाश से
टूटे कंगन की किरचें बरसने लगीं
नीचे पगडंडियों पर भी कोई न था

---

1. अस्तित्व 2. कारागार 3. पर झाड़ने वाला (उड़ो) 4. दुखांत

ख़दशा[1]

कुंज से घबरा के निकली ज़र्द[2] चिड़िया और फिर
इक लरज़ती शाख़ पर पल-भर रुकी
आसमाँ की सम्त उड़कर फिर ज़मीन पर आ गई!

झुक पड़ी शाख़-ए-हिना[3] और हर तरफ़
भीनी-भीनी बास के चश्मे बहे
शाल बुनते हाथ तेरे रुक गाए

नूर की बरखा
घने छतनार की छलनी से छन कर आ गई
मेरे ऊपर रौशनी की पत्तियाँ बिखरा गईं
मेरे सारे जिस्म को सहला गई!!

डर रहा हूँ ये ज़मीं
ये लुढ़कता और उधड़ता सब्ज़ गोला ऊन का
एक दिन बेढब-सी लाखों कतरनों में
ख़ुद-ब-ख़ुद बढ़ जाएगा
गुंग और तीरा ख़लाओं[4] में बिखरता जाएगा
नूर[5] की सब पत्तियाँ मर जाएँगी!

कठोर राहें

कठोर राहें
जो उलझे धागों का एक गुफ्फा-सा बन गई हैं
न उनको रंगों की तेज़ बरखा से कुछ ग़रज़ है
वो तेज़ बरखा जो मुँह अँधेरे
किसी पुजारन के कँपकँपाते सफ़ेद होंटों में नाचती है
न उनकी मंज़िल वो शाम-ए-ग़म है जो एक मैला-सा तश्त[6] लेकर

1. भय 2. पीली 3. हिना की डाली 4. चुप और अँधेरे अंतरिक्ष 5. रौशनी 6. थाली

मुसाफ़िरों से लहू के क़तरों की भीख रो-रो के माँगती है
दहकते तारे, हज़ीं दुआएँ[1], लरज़ते हाथों से बाँटती है
कठोर राहें तो आगे बढ़कर, अदा दिखाकर पलट गई हैं
पलट के पहलू बदल गई हैं

घनेरी शब अपनी काली कमली में गुम खड़ी है
ये सोचती है
भँवर की बेनूर चश्म-ए-तर-ज़मीं
कोई-सा सीधा सफ़ेद रस्ता उभर के चमके
तो शब का राही उधर को लपके

ये शब का राही
समय के धारे में बहते-बहते भँवर की सूरत उभर गया है
हज़ार राहों में घिर गया है!

ग़ज़ल

1

कब से है तेरी खोज में ऐ सुब्ह-ए-बे-निशाँ[2]
बे-चेहरा[3] साअतों[4] का थका-हारा कारवाँ

ख़ुद से ही बाँध लो कोई पैमान-ए-दोस्ती
ढूँढोगे इस सफ़र में कोई हमसफ़र कहाँ

आँखें करूँ मैं बंद तो डसती है तीरगी
देखूँ तो चुभने लगती हैं ख़्वाबों की किर्चियाँ

आया नसीम-ए-सुब्ह[5] की सूरत वो शह्र में
खुलने लगीं उदास मकानों की खिड़कियाँ

1. दुखित प्रार्थनाएँ 2. खोई हुई सुबह 3. अदृश्य 4. क्षणों 5. सुबह की मंद, शीतल हवा

माना कि ता-अबद[1] नहीं जाएगी उसकी बास
लेकिन वो फूल ऐसा बदन आए तो यहाँ

जब पौ फटी तो कहने लगी ओस की रिदा
सब चल दिए घरों को मगर जाऊँ मैं कहाँ

निकले तेरी तलाश में हम कच्ची बर्फ़ पर
पटरी के साथ बनते गए पाँव के निशाँ

2

है तमन्ना कि सदा बर-सर-ए-पैकार[2] रहें
तुम मुक़ाबिल रहो हम आईना-बरदार[3] रहें

काफ़िले आएँ, उड़े गर्द, चले जाएँ कहीं
और हम ख़ाक-बसर[4] नक़्श-ब-दीवार[5] रहें

है ये दस्तूर गिरें साल में पत्ते इक बार
अश्क गिरते मेरी पलकों से लगातार रहें

जी ये कहता है कि इक रोज़ पहन लें ख़ुद को
और फिर हश्र तलक ज़ीनत-ए-बाज़ार[6] रहें

काश आएँ न कभी नैयर-ए-ताबाँ[7] वाले!
और कुछ देर सितारों के ये गुलज़ार रहें

चीख़ते-नाचते लफ़्ज़ों की सियह आँधी में
आप क्यों मुह्र-ब-लब[8] सूरत-ए-दीवार रहें

बे-ख़ता भी तो गुज़ारा है ज़माना हमने
अब ख़ताकार हुए हैं तो ख़ताकार रहें

---

1. कभी 2. लड़ने-मरने को तैयार 3. आईना उठाए हुए 4. शोक से रोते-पीटते हुए 5. मौन
6. बाज़ार की सज्जा 7. चमकता हुआ सूरज 8. मौन

अशआर

जाते कहाँ कि रात की बाँहें थीं मुश्तइल[1]
छुपते कहाँ कि सारा जहाँ अपने घर में था

जबीन-ए-संग[2] पे लिखा मेरा फ़साना गया
मैं रहगुज़र था मुझे रौंद कर ज़माना गया

सोचा ये था कि हम भी बनाएँगे उसका नक़्श
देखा उसे तो नक़्श-ब-दीवार हो गए

दिन रात गुज़र रहे थे ऐसे
मैं जैसे वरक़ उलट रहा था

कैसे कहूँ कि मैंने कहाँ का सफ़र किया
आकाश बे-चिराग़, ज़मीं बे-लिबास थी

चलता रहा हूँ अपनी ही जानिब तमाम उम्र
तूने ग़लत कहा कि मैं घर से निकल गया

पत्थर का वो मकाँ कि तुझे जिस पे नाज़ था
शबनम की एक बूँद गिरी और बह गया

आई थी इक सदा[3] कि चले आओ—और मैं
सहरा उबूर[4] कर गया शौक़-ए-फ़िज़ूल[5] में

मैं ख़ुश कि मिल सका तुझे इक अजनबी की तरह
तू मुतमइन[6] कि मैं तुझे पहचानता नहीं

---

1. उत्तेजित 2. पत्थर का माथा 3. आवाज़ 4. पार 5. निरर्थक अभिलाषा 6. संतुष्ट

शेर अफ़ज़ल जाफ़री

शेर अफ़ज़ल जाफ़री का जन्म 1 सितंबर, 1909 को झंग शहर में हुआ। शेर अफ़ज़ल की कविताएँ आँचलिक रंगों की रासलीलाएँ हैं। उनकी रचनाएँ छोटे क़स्बों की छटपटाहट कम, छटा ज़्यादा उभारती हैं। उनकी रचनाओं में फबते हुए ग़ैर-उर्दू या प्रादेशिक शब्द देखिए :

सोहने होंठों पे है पानों की आग
पी रहे हैं फूल अरमानों की आग
आज भी चढ़ते चन्हाँ की लहर-लहर
दे रही है मुझको अरमानों की आग

कभी-कभी जो ग़ज़ल-नारियाँ मचलती हैं
मेरी निगाह में चिंगारियाँ मचलती हैं

दिल के छलकते रावी को
डोंघा कर, गहराई दे

शेर अफ़ज़ल एस.वी. (सीनियर वर्नेकुलर) करने के बाद मैट्रिक से आगे न पढ़ सके। न ही उनके घर का माहौल कोई ख़ास साहित्यिक था। इसलिए उनकी शब्दावली में अरबी-फ़ारसी की बोझीली विद्वत्ता नहीं, रूमानी उन्माद के रूनित रूपांतर हैं।

संकलन : 'साँवले-मनभाँवले'।

22 जनवरी, 1989 को इनका निधन हो गया।

ग़ज़ल

1

वक़्त आफ़ाक़[1] के जंगल का जवाँ[2] चीता है
मेरी दुनिया के ग़ज़ालों[3] का लहू पीता है

इश्क़ ने मर के स्वयंवर में इसे जीता है
दिल श्रीराम है, दिलबर की रज़ा[4] सीता है

अब भी घनश्याम है उस दश्त[5] का बूटा-बूटा
बर्ग-ए-नै[6] आज भी इन्साँ के लिए गीता है

जगमगाती रही अश्कों से शब-ए-तार-ए-हयात[7]
दीपमाला की तरह दौर-ए-अलम[8] बीता है

कोई लहका जो सर-ए-दार[9] तो यज़दाँ[10] ने कहा
इब्ने-आदम[11] ने मह-ओ-साल[12] का रन जीता है

तुझे सज्दों के इवज़[13] मिल न सकी रूह-ए-बशर[14]
हमने सिर दे के ख़ुदाई का भरम जीता है

---

1. संसार 2. युवा 3. हिरन का बच्चा 4. स्वीकृति 5. जंगल 6. बाँसुरी 7. जीवन की अँधेरी रात 8. दुख का ज़माना 9. सूली पर 10. ईश्वर 11. आदम की संतान 12. समय 13. बदले में 14. मनुष्य की आत्मा

2

ज़िंदगी रैन-बसेरे के सिवा कुछ भी नहीं
ये नफ़स[1] उम्र के फेरे के सिवा कुछ भी नहीं

जिसे नादान की बोली में सदी कहते हैं
वो घड़ी शाम-सवेरे के सिवा कुछ भी नहीं

दिल कभी शहर-ए-सदा-रंग[2] हुआ करता था
अब तो उजड़े हुए डेरे के सिवा कुछ भी नहीं

हाथ में बीन है, कानों की लवों में बाले
ये रियाकार सपेरे के सिवा कुछ भी नहीं

साँस के लहरिए झोंकों से छटा जाता है
जिस्म काग़ज़ के फरैरे के सिवा कुछ भी नहीं

आज इनसान का चेहरा तो है सूरज की तरह
रूह में घोर अँधेरे के सिवा कुछ भी नहीं

वक़्त ही से है शरफ़[3] दस्त-ए-दुआ[4] को हासिल
बंदगी साँझ-सवेरे के सिवा कुछ भी नहीं

फ़ुक़्र[5] मख़दूम[6] है, लजपाल[7] है, लखदाता है
ताज बे-रहम लुटेरे के सिवा कुछ भी नहीं

3

आसमानों से उतर कर मेरी धरती पे बिराज
मैं तुझे दूँगा पनपते हुए गीतों का ख़िराज[8]

---

1. साँस 2. हर प्रकार के वर्गों का शहर 3. श्रेष्ठ 4. प्रार्थना के लिए उठा हुआ हाथ 5. साधुता 6. स्वामी, पूज्य, मान्य 7. सम्मान देने वाला 8. श्रद्धांजलि

दिल के सहरा पे बरस चैत के बादल की तरह
ख़ुश्क़ टीले को भी दे फूलती सरसों का मिज़ाज

नब्ज़-ए-हालात[1] में अब रेंग के चलता है लहू
काश रख ले तू उतरते हुए दरिया की लाज

चाँद बन कर ज़रा इनसान के माथे पे उभर
तेरे जलवों को तरसता है ये तारीक[2] समाज

बुझते जाते हैं सितारों के फ़ना-रंग कँवल
आ! सर-ए-वक़्त पे रख झूम के ख़ुर्शीद[3] का ताज

4

जब अर्श[4] पे दम तोड़ने लगती हैं दुआएँ
देता है रग-ए-जाँ से मुझे कोई सदाएँ

फिर सरमद-ओ-मंसूर[5] का आता है ज़माना
अब अह्ल-ए-चमन[6] गुल की जगह दार[7] उगाएँ

उस तश्ना[8] की, बरसात में क्या प्यास बुझेगी
कश्मीर के बर्फ़ाब[9] जिसे आग लगाएँ

यूँ अपनी दुआ सुनके चहक उट्ठे फ़रिश्ते
जिस तरह सुख़न-फ़ह्म[10] कोई मिसरा उठाएँ

अल्लाह रे वो सरशार-गुनहगार[11] जो अपनी
बेसाख़्ता लग्ज़िश[12] पे ख़ुदा को भी रिझाएँ

---

1. हालात की नाड़ी 2. अँधेरा 3. सूर्य 4. आसमान 5. सरमद—एक महान और प्रसिद्ध सूफ़ी; मंसूर—जो अपने को ब्रह्म होने का दावा करता था 6. संसार के लोग 7. सूली 8. प्यासे 9. हिम की पानी 10. काव्य-मर्मज्ञ 11. पापों से लदा 12. अपराध

5

बिजलियाँ पी के जो उड़ जाते हैं
वो क़यामत से भी लड़ जाते हैं

क़ल्ब-ए-इंसाँ[1] की जवाँ हिद्दत से
आग पर आबले[2] पड़ जाते हैं

इश्क़ जब वक़्त को झंझोड़ता है
हादिसे काँप के झड़ जाते हैं

मक़्तल-ए-ज़ीस्त[3] से महशर[4] की तरफ़
रक़्स करते हुए धड़ जाते हैं

आह की ज़लज़ला-अंदाज़ी[5] से
अर्श[6] के पाए उखड़ जाते हैं

हम वो इंसाँ हैं जो बंदों के लिए
किब्रिया[7] से भी बिगड़ जाते हैं

6

मस्ती अज़ल[8] की शहपर-ए-जिब्रील[9] हो गई
मेरी बयाज़[10] परतव-ए-इंजील[11] हो गई

दिल का गुदाज़[12], आह की तासीर देख कर
पत्थर की ज़ात काँप के तहलील[13] हो गई

---

1. मनुष्य का ह्रदय 2. फफोल 3. जीवन का वधस्थान अर्थात संसार 4. महाप्रलय 5. कंपन 6. आसमान 7. ईश्वर 8. वो समय जब सृष्टि की रचना हुई 9. जिब्रील के पंख 10. हस्त-लिखित कविता की कापी 11. इंजील, जो ईशदूत-ईसा पर उतरी थी, की आभा 12. पिघलना 13. घुलना

हर लफ़्ज़ कंकरी तरह ग़ैर पर गिरा
अपनी दुआ फ़लक[1] पे अबाबील[2] हो गई

फ़िरऔन-ए-बे-करम[3] जो हुआ माइल-ए-सितम[4]
नद्दी मेरे लहू की वहीं नील हो गई

जाना था ज़ूदतर[5] मुझे मैदान-ए-हश्र[6] में
याँ शुग़ल-ए-हादिसात[7] में ही ढील हो गई

7

नदी किनारे जो नग़्मा-सरा[8] मलंग हुए
हुबाब[9] मौज में आ-आ के जलतरंग हुए

इरमा[10] के फूल, अज़ल[11] का निखार, तूर की लौ
सख़ी 'चनाब' की वादी में आके झंग[12] हुए

कभी जो साज़ को छेड़ा बहार-मस्तों ने
तो गुंग-गुंग[13] शजर हम-ज़ुबान-ए-चंग[14] हुए

अता किया तेरे माथे ने जिनको ईद का चाँद
निसार उन पे सितारों के राग-रंग[15] हुए

शब-ए-हयात[16] में इंसाँ के वलवले[17] अफ़ज़ल
उभर के तारे बने, कहकशाँ[18] के संग हुए

---

1. आसमान 2. ऊँचाई पर उड़ने वाली एक चिड़िया 3. फ़िरऔन के समान कठोर हृदय 4. अत्याचारी प्रवृत्ति 5. शीघ्र 6. क़यामत का मैदान 7. घटनाओं का क्रम 8. अच्छी और मधुर आवाज़ में गाने वाला 9. बुलबुला 10. उपवन 11. वो समय जब सृष्टि की रचना हुई 12. पाकिस्तान का एक शहर 13. गूँगे 14. चंग (बाजे) की आवाज़ में आवाज़ मिलाई 15. नाच-गाना 16. जीवन की रात 17. उमंगें 18. आकाशगंगा

8

ये बुझे-बुझे सितारे, ये धुआँ-धुआँ सवेरा
कहीं आबरू को डस ले न ये बावला अँधेरा

तेरी नाग-नाग ज़ुल्फ़ें, कहीं राम हो न[1] जाएँ
कि उठा है बीन ले के ज़र-ओ-माल[2] का सपेरा

मेरे शीशमों की छाँव में हैं धूप के ठिकाने
मेरी नदियों की लहरों में है आग का बसेरा

वहीं मैंने आरज़ुओं के हसीं दिये जलाए
कि जहाँ शराब पीकर मुझे आँधियों ने घेरा

ऐ नसीमज़ाद[3] झोंकों की हसीं-हसीं कलियो
ज़रा झंग-रंग[4] टीलों की तरफ़ भी एक फेरा

9

उसको अपनी ज़ात[5], ख़ुदा की ज़ात लगी है
मेरे दिल को पागल की ये बात लगी है

कलयुग है और दुखड़ों की बरसात लगी है
नूह[6] की कश्ती मेरे घर के सात लगी है

मेरे पास तही-दस्ती[7] है, दरवेशी[8] है
यह दौलत कब शहज़ादों के हाथ लगी है

---

1. राम होना : राज़ी होना 2. धन-दौलत 3. मृदुल मंद समीर जो प्रात:काल में चलता है 4. संग शहर के रंग 5. अस्तित्व 6. एक ईशदूत जिनके समय में पानी का बहुत बड़ा तूफ़ान आया था जिसमें सारा संसार नष्ट हो गया था। हज़रत नूह के साथ कश्ती में कुछ आदमी बचे थे जिनकी संतान इस समय है 7. हाथ को न फैलाना 8. संन्यास

गोरी-चिट्टी धूप न जोबन पर इतराए
दिन के पीछे काली-काली रात लगी है

एक हसीं फ़िरऔन[1] की बज़्म-ए-शेर-ओ-सुख़न को
मेरी ग़ज़लों की पुस्तक 'तौरैत'[2] लगी है

मैं इंसान को मौत का दूल्हा कह देता हूँ
मुझको मातम[3] की टोली बारात लगी है

1. हज़रत मूसा के समय का जाबिर बादशाह जो अपने आप को ईश्वर होने का दावा करता था, जिसने हज़रत मूसा को ईशदूत (पैगंबर) मानना अस्वीकार कर दिया 2. वो ईश्वर द्वारा अवतरित पुस्तक जो हज़रत मूसा को दी गई थी 3. शोक

शोहरत बुख़ारी

शोहरत बुख़ारी का जन्म 02 दिसंबर, 1925 को लाहौर में हुआ। शोहरत बुख़ारी की ग़ज़लों में एहसास-ए-महरूमियत की मायूसी और नैतिक मूल्यों के पतन का प्रबल पश्चात्ताप है। यथार्थ और आदर्श के विग्रह से हरहरा कर गिरती हाहाकार करती दिनचर्या का दुरदुरा दैन्य शोहरत की ग़ज़लों के मूल तत्व हैं। उनकी ग़ज़लें ऊँचे मूल्यों की हिमायत भी हैं और तत्कालीन समाज की समीक्षाएँ भी। शोहरत न उपदेशक है न क्रांतिकारी। इसलिए ये समीक्षा प्रत्यक्ष नहीं होती। वो अपने आदर्शों का संचार चीख़-चीख़ कर दिये गए भाषणों से नहीं, यांत्रिक यंत्रणा के नकार से करता है। कलात्मक आज़ादी के लिए आकंठित कविता-स्वर ही उसका प्रतिवाद है।

शोहरत बुख़ारी का लेखन क्लासिकी पवित्रता का पोषक है। प्रयोगात्मक प्रपंचों के प्रलाप में किसी पुराने परिसर का-सा स्थायित्व बनाए रखना उन्हें प्रिय है, इसलिए वे परंपरा से बहत दूर हटकर नहीं लिखते। लेकिन परंपरा की व्यवस्थित जकड़ और कुब्ज क्रमबद्धता भी शोहरत के रूमानी रूपाधिबोध को कभी नहीं रुची। उन्होंने उर्दू कविता के शास्त्रीय ढाँचे की पाराँध पाबंदियों को मुक्त छंद और बिना रदीफ़ की ग़ज़लों से तोड़ा है।

संकलन : 'ताक़-ए-अबरू' (1959); 'दीवार-ए-गिरया (1982)।

11 अक्टूबर, 2001 को इनका निधन हो गया।

ग़ज़ल

1

कोठे उजाड़, खिड़कियाँ चुप, रास्ते उदास
जाते ही उनके, कुछ न रहा ज़िंदगी के पास

दो पल बरस के अब्र ने दरिया का रुख़ किया
तपती ज़मीं से पहरों निकलती रही भड़ास

मिट्टी की सोंध जाते हुए साथ ले उड़ी
डाली का लोच, पात की सब्ज़ी, कली की बास

अश्कों से किसको प्यार है आहों से किसको उन्स[1]
लेकिन ये दिल कि जिसको ख़ुशी आ सकी न रास

हुशियार, ऐ नवेद-ए-अजल[2] लुट न जाइयो
फिरता है कोई आठ पहर, दिल के आस-पास

आँसू हो, मय हो[3] ज़हर हो, आब-ए-हयात[4] हो
जुज़[5] ख़ून-ए-आरज़ू[6] न मुझे ज़िंदगी की प्यास

जैसे कभी तअल्लुक-ए-ख़ातिर[7] नहीं रहा
यूँ रूठकर चली गई शोहरत हर एक आस[8]

---

1. प्रेम 2. मौत की पुकार 3. शराब 4. अमृत-जल 5. सिवा 6. कामना का ख़ून 7. दिली लगाव 8. आशा

2

पर्दा वहाँ उठा यहाँ चेहरा उतर गया
यानी पलक झपकने में दरिया उतर गया

मंज़िल क़रीब आई तो हर आस बुझ गई
गहराइयों में वक़्त की रस्ता उतर गया

ऐसा ग़ुबार[1], क़ाफ़िला-ए-यास[2] का उड़ा
सूरज के आईने में अँधेरा उतर गया

ज़र्रा[3] कहीं से उड़ता हुआ आँख में पड़ा
महसूस यूँ हुआ कोई सह्‌रा[4] उतर गया

आते समय की आँधियाँ नज़रें बुझा गईं
अंधे कुएँ में प्यास का मारा उतर गया

साहिल पे मुझको छोड़ के तनहाइयों के साथ
दिल बह्र-ए-दर्द[5] में तन-ए-तन्हा[6] उतर गया

इस शह्र की न पूछ यहाँ की हवा न देख
नज़रें बचा के दार से ईसा उतर गया

शोहरत बयान-ए-ग़म के सिले में हुआ नसीब
ऐसा जवाब-ए-तल्ख़[7] कि नश्शा उतर गया

3

हम शह्र में इक शमअ[8] की ख़ातिर हुए बरबाद
लोगों ने किया चाँद के सहराओं को आबाद

---

1. धूल 2. निराशाएँ 3. कण 4. रेगिस्तान 5. दुख का समुद्र 6. अकेला 7. कटु उत्तर 8. चराग़

हर सम्त फ़लक-बोस[1] पहाड़ों की क़तार
खुसरो[2] है, न शीरी है, न तेशा[3] है, न फ़रहाद[4]

बरसों से यही ख़्वाब हैं नींदों की सजावट
गुलशन है, मगर गुल है न बुलबुल है, न सय्याद

हूँ तायर-ए-बे-बाम[5], चराग़-ए-सर-ए-सहरा
उम्मीद-ए-करम[6] है न मुझे शिकवा-ए-बेदाद[7]

जिस घर को बसाया था मेरी बे-ख़बरी ने
आज उसको तेरी ख़ुद-निगरी[8] कर गई बरबाद

कुछ ऐसा धुआँ है कि घुटी जाती हैं साँसें
इस रात के बाद आओगे शायद न कभी याद

हर ज़र्रा है मदफ़न[9] मेरी हैरत-निगही[10] का
या रब्ब! ये गली-कूचे हमेशा रहें आबाद

इक तुम तो हो कि पल भर को भुलाए नहीं जाते
इक हम हैं कि ख़ुद को भी नहीं आए कभी याद

बस इतना समझ लो कि अजल[11] आबला-पा[12] थी
तुम सुन न सकोगे सफ़र-ए-शौक़[13] की रूदाद

कल अपनी भी तसवीर न पहचान सकेंगे
इस दौर को बख़्शे गए वो मानी-ओ-बहज़ाद[14]

---

1. आसमान से बातें करती हुई 2. ईरान का बादशाह खुसरो परवेज़ जो शीरी का पति था 3. कुदाल 4. शीरीं का प्रेमी 5. वो पक्षी जिसका कोई ठिकाना न हो 6. दया की आशा 7. अत्याचार की शिकायत 8. आत्म-प्रदर्शन 9. समाधि-भवन 10. निस्तब्ध दृष्टि 11. मौत 12. पाँव का छाला 13. प्रेमयात्रा की कथा 14. प्रसिद्ध ईरानी चित्रकार जिसने ईशदूत होने का दावा किया था और एक नया धर्म चलाया था (831 ई. से 889 ई.), और बहज़ाद भी एक प्रसिद्ध चित्रकार था

सुनसान है ज़िंदाँ भी बसाने-दिल-ए-शायर
नै शोरे-सलासिल[1] है, न हंगामा-ए-फ़रियाद

ख़ुर्शीद-ए-क़यामत उतर आए रग-ए-जाँ[2] में
ऐ नग़मा-गरो, ऐसी कोई तर्ज़ हो ईजाद

शोहरत कि है अब वज्ह-ए-परीशानी-ए-अहबाब[3]
उठ जाएगा जिस रोज़ तो आएगा बहुत याद

4

ख़ुद से भी कोई शख़्स अगर प्यार करे है
दुनिया के हर आराम को आज़ार[4] करे है

कुछ देर में हर ज़र्रे[5] से फूटेंगे अँधेरे
ढलती हुई ये धूप ख़बरदार करे है

ये दिल भी अजब चीज़ है अब क्या इसे कहिए
जो इससे रखे रब्त[6], उसे ख़्वार[7] करे है

कुछ और गिराँ-ख़्वाबी[8] का बाइस[9] हुआ उनको
ये नाला[10] कि मुर्दों को भी बेदार करे है

आता हो सलीक़ा जो किसी को तलबी[11] का
काफ़िर है जो सिर देने से इनकार करे है

ता-हश्र[12] सलामत रहे ये शह्र कि जिसमें
सूरज का असर साया-ए-दीवार करे है

---

1. बेड़ियों का शोर 2. सबसे बड़ी रक्त की नाड़ी जो दिल में जाती है 3. मित्रों की कठिनाइयों का कारण 4. दुख देना 5. कण 6. संबंध 7. अपमानित 8. गहरी नींद 9. कारण 10. आर्तनाद 11. माँगना 12. क़यामत तक

ख़ुद इससे सिवा कोई हयादार न पाया
ये इश्क़ कि रुसवा सर-ए-बाज़ार करे है

बे-दाम-ओ-दिरम[1] आन में बिक जाए है शोहरत
क्या जानिए क्या सहर[2] ख़रीदार करे है

5

वाक़िए सारे फ़साने निकले
दूर के ढोल सुहाने निकले

घर में तिनका भी नहीं था बाक़ी
लोग जब आग बुझाने निकले

शह्र-ए-हिज्राँ[3] हो कि सहरा-ए-विसाल[4]
जा-ब-जा[5] ग़म के ख़ज़ाने निकले

हमको देखो कि मिटा कर दुनिया
किस ख़राबे को बसाने निकले

बू-ए-गुल, रंग-ए-शफ़क़, नूर-ए-सहर
सब तेरे ग़म के बहाने निकले

छीन कर नींद मेरी आँखों से
ख़्वाब क्या-क्या वो दिखाने निकले

आईना देखा जिन्होंने न कभी
मेरी तसवीर बनाने निकले

अरसा-ए-दश्त[6] हुआ तंग तो हम
शह्र में ख़ाक उड़ाने निकले

---

1. मुफ़्त 2. जादू 3. विरह का शहर 4. मिलन का जंगल 5. जगह-जगह 6. जंगल का क्षेत्र

खो गए भीड़ में शोहरत साहब
वाह क्या धूम मचाने निकले

6

नहीं ये रात ही कुछ हम पे भारी
मुक़द्दर हो चुकी लम्हा-शुमारी

बड़ी आसों में बीता दिन हमारा
बड़ी मायूसियों में शब गुज़ारी

ये कैसा आईना-ख़ाना है जिसमें
नज़र आती नहीं सूरत हमारी

खुला रक्खे जो तू दरवाज़ा अपना
फिरे क्यों दर-ब-दर तेरा भिखारी

ये सारे ख़ुद-फ़रेबी[1] के हैं मज़हर[2]
कहाँ का देवता किसका पुजारी

तुम्हें मालूम है लाहौर वालो
कहाँ गुम हो गया शोहरत बुख़ारी

7

ये कोई जीना है जीने की इक सज़ा-सी है
कि शब्ह-ए-वस्ल में भी हर तरफ़ उदासी है

तमाम रात वो बरसा है टूट कर बादल
मगर ये कैसी ज़मीं है कि फिर भी प्यासी है

1. अपने को धोखे में रखना 2. प्रकट होना

मैं कैसे अजनबी समझूँ तुझे, मैं ग़ैर कहूँ
ये शक्ल देखी हुई है ये आशना-सी है

क़रीब जाइए जितना भी, दूर जाती है
ख़ुदा नहीं है ये दुनिया मगर ख़ुदा-सी है

वो एक याद कि जो ज़िंदगी का हासिल थी
बहुत दिनों से ये क्या है कि कुछ खफ़ा सी है

हर एक गुज़रा हुआ लम्हा मेरी दौलत है
इसी से है दिल-ओ-दीदा में गर ज़िया-सी है

हुजूम-ए-ख़ल्क़[1] के बा-वस्फ़[2] शहर है सुनसान
किसी दुखे हुए दिल की ये बददुआ-सी है

ख़ुद अपनी शक्ल से अब दिल को ख़ौफ़ आता है
कि जैसे मैं नहीं शोहरत कोई बला-सी है

8

सैर-ए-हस्ती है ख़्वाब-सा कोई
हमनफ़स[3] है न हमनवा[4] कोई

रात-भर आसमाँ है या मैं हूँ
जैसे तारों में जा बसा कोई

अपनी सूरत से ख़ौफ़ खाता हूँ
यूँ दिखाता है आईना कोई

दिल अजब शह्र है जहाँ यारब
अजनबी है न आश्ना कोई

1. जनता की भीड़ 2. बावजूद 3. मित्र 4. सहमत

गुमरही से निकल सका न कभी
जिसने पाया है रास्ता कोई

तीरगी[1] से नजात[2] पा न सका
चाँद के साथ जब रहा कोई

कौन सूरज को ये ख़बर देता
शम्अ के साथ जल बुझा कोई

डूबती नाव का नज़ारा क्या
चढ़ते दरिया को देखता कोई

हाय क्या लोग थे ख़याल-आरा[3]
जिनका सानी न मिल सका कोई

कोई जाड़ों की चाँदनी जैसा
दोपहर गर्मियों की था कोई

कोई बरसात की घटा की मिसाल
हमसर-ए-बर्क़-ए-कोह[4] था कोई

रोज़ मद्देनज़र थी शक्ल नई
रोज़ इक दाग़ दे गया कोई

उम्र-ए-रफ़्ता का सोग है मैं हूँ
धूप में बर्फ़ रख गया कोई

हाँ दर-ओ-बाम-ए-कूचा-ए-जानाँ[5]!
मुझ-सा देखा है दूसरा कोई

---

1. अंधकार 2. छुटकारा 3. कल्पना वाले 4. कड़कती हुई बिजली के समान 5. ऐ प्रेमिका की गली की खिड़कियो और दरवाज़ो

अपने शोलों में ढल गया यकसर
है भी ऐसा ग़ज़ल-सरा कोई!

बात सच्ची है नीम से कड़वी
आदमी हो कि हो ख़ुदा कोई

इश्क़ की कर्बला में शोहरत जी
तुम-सा कम-हौसला न था कोई

9

हर चंद सहारा है तेरे प्यार का दिल को
रहता है मगर एक अजब ख़ौफ़-सा दिल को

वो ख़्वाब कि देखा न कभी, ले उड़ा नींदें
वो दर्द कि उट्ठा न कभी, खा गया दिल को

हर सुबह बदलता है नया रंग ज़माना
हर शाम है दरपेश[1] नया मरहला[2] दिल को

या साँस का लेना भी गुज़र जाना है जी से
या मअरका-ए-इश्क़[3] भी इक खेल था दिल को

वो आएँ तो हैरान, वो जाएँ तो परीशान
यारब कोई समझाए ये क्या हो गया दिल को

सोने न दिया शोरिश-ए-हस्ती[4] ने घड़ी-भर
मैं लाख तेरा ज़िक्र सुनाता रहा दिल को

सर-चश्मा-ए-ज़ुल्मत[5] के सिवा कुछ भी न निकला
मैं वादी-ए-ख़ुर्शीद[6] समझता रहा दिल को

---

1. सामने 2. कठिन काम 3. प्रेम का युद्ध 4. अस्तित्व का विद्रोह 5. अंधकार का स्रोत 6. सूर्य की वादी

रूदाद-ए-मुहब्बत[1] न रही इसके सिवा याद
इक अजनबी आया था उड़ा ले गया दिल को

जुज़[2] गर्द-ए-ख़मोशी[3] नहीं शोहरत यहाँ कुछ भी
किस मंज़िल-ए-आबाद में पहुँचा लिया दिल को

10

साँस सिवा सब साथी छूटे
जाने कब ये रिश्ता टूटे

तुम बिन काँटा बन कर खटके
फुलवारी के सब गुल-बूटे

आँसू पीना खेल नहीं था
रग-रग में सौ नश्तर टूटे

उम्मीदों के बटमारों ने
नींदों के वीराने लूटे

दिल की बातें, बातें शोहरत
बाक़ी सब अफ़साने झूठे

1. प्रेमकथा 2. सिवाय 3. मौन की धूल

सईद अहमद अख़्तर

सईद अहमद अख़्तर का जन्म 03 मार्च, 1932 को हुआ।

शिक्षा : एम.ए. (अंग्रेज़ी), एम.ए. (उर्दू), पेशा : प्रांतीय सिविल सर्विस में।

सईद अहमद अख़्तर की कविताएँ आज के क्षयग्रस्त जीवन की बेचैनियों, प्रतीक्षाओं, अविश्वासों से उबरने के संबलों की तलाश हैं। उनकी सोच के संदर्भ मायूसी के मरीज़ नहीं, सामाजिक परिवर्तनों के संघर्ष की भूमिकाएँ हैं। सईद अहमद अख़्तर की रचनाओं में 'चाँदनी' का रूपक ऐसी ही आशावादी स्थितियों का प्रतीक है।

यों तो सईद अहमद अख़्तर ने नज़्में भी कही हैं लेकिन मूलतः वे ग़ज़ल के शायर हैं। उनकी नज़्मों का विचार-प्रवाह तेज़ है, ग़ज़लों में ठहराव है। इस दृष्टि से सईद अहमद अख़्तर की रचना शैली संतुलन का सबूत है। वे न तो हर हालत में पुरानी परंपराओं से बँधे रहने में विश्वास रखते हैं, न ही आधुनिक कहलाने के लिए नई परंपराओं से जुड़ने को आतुर हैं। लकीर के फ़क़ीर भी नहीं। पुरानी ज़मीन पर लिखी गई उनकी कई रचनाओं में नए विन्यास इस कलात्मकता से पिरोये गए हैं कि प्रयोग और परंपरा के विरोधाभास की बू नदारद है।

सईद अहमद अख़्तर के तीन संकलन प्रकाशित हो चुके हैं : 'दयार-ए-शब' (1975), 'सत्ह-ए-आब' (1978), 'चाँदनी के साए' (1981)।

20 अगस्त, 2013 को इनका निधन हो गया।

ग़ज़ल

1

उलझता है मेरे दिल से मगर धड़कन में रहता है
ये जोगी शह्र भी आता है लेकिन बन में रहता है

ख़िज़ाँ[1] और फ़स्ल-ए-गुल[2] का फ़र्क बस जैसे उन्हीं तक था
कि अब तो एक-सा मौसम मेरे गुलशन में रहता है

तेरी यादें तो ज़िंदा हैं मगर मजबूर दिल मेरा
कभी दफ़्तर कभी घर-बार की उलझन में रहता है

कभी सपने में आकर प्यार कर जाए तो कर जाए
वगर्ना वो अभी तक चाँद के आँगन में रहता है

चलो अख़्तर किसी दिन जा के उस साथी से मिल आएँ
जो बस्ती छोड़कर कुहसार[3] के दामन में रहता है

2

आँखों के आस-पास था दिल में मगर न था
जो था सफ़र में साथ, मेरा हम-सफ़र न था

दीवार बच गई थी किसी की तो दर न था
बेघर बसे हुए थे जहाँ कोई घर न था

1. पतझड़ 2. वसंत ऋतु 3. पर्वत

हैरत की बात है कि वहाँ जी रहे थे लोग
गो शह्र में कहीं भी हवा का गुज़र न था

कुम्हला गया था दिल में तेरी आरज़ू का फूल
मुझ बर्ग-ए-ज़र्द-रू[1] पे ख़िज़ाँ[2] का असर न था

लग कर मेरे गले से सिसकती रही थी शाम
दिन ढल चुका था और कोई बाम[3] पर न था

नर्गिस को तेरी आँख ने मशहूर कर दिया
गुलशन में वर्ना कोई भी गुल बे-बसर न था

मक़्तल[4] में कोई क्या मुझे पहचानता सईद
लाशें पड़ी थीं और किसी का भी सर न था

3

जोड़ेंगे क्या दरीचा-ओ-दीवार-ओ-दर[5] को हम
घर कह चुके हैं अब तो तेरी रहगुज़र को हम

दैर-ओ-हरम[6] से आगे था बरसों का रास्ता
समझे थे खेल तेरी गली के सफ़र को हम

अपनी तो एक छोटी-सी दुनिया है तेरे गिर्द
निकलें अगर यहाँ से तो जाएँ किधर को हम

तर्क-ए-तअल्लुक़ात[7] की सरहद पे आ के भी
मुड़-मुड़ के देखते हैं अभी नामाबर[8] को हम

इक लम्हा मुस्कुराने की इतनी बड़ी सज़ा
रोएँगे उम्र-भर तेरी पहली नज़र को हम

---

1. पीले पड़ चुके पत्ते 2. पतझड़ 3. छत 4. वधस्थान 5. झरोखा, दीवार और दरवाज़ा
6. मंदिर और मस्जिद 7. संबंध-विच्छेद 8. पत्रवाहक

होश-ओ-ख़िरद[1] ज़माने से ज़ुलमत-असीर[2] थे
पहचान भी न पाए तुलू-ए-सहर[3] को हम

टकराए हर चट्टान से बस इस घमंड पर
पहचानते थे शह्र में इक शीशा-गर[4] को हम

4

ना-मुनासिब[5] था उनसे मिलना कल
आँख वीराँ थी और दिल बोझल

एक छोटा-सा बे-ज़रर[6] बादल
बन गया चाँद के लिए जंगल

चूर हूँ मैं थकन के ज़ख़्मों से
और तू मुस्तक़िल[7] सुकून[8] से शल[9]

तू अँधेरों में खो गया लेकिन
दिल तेरी रौशनी से है मशअल[10]

फिर किसे ढूँढने को निकला है
ख़ुद न खो जाए भीड़ में पागल

कोई आँखें जचीं न आँखों में
बस्ती-बस्ती लिए फिरा काजल

पैर कहते हैं कैसे लौटेगा
प्यार कहता है और आगे चल

प्यार का दर्द उम्र-भर अख़्तर
प्यार का चैन सिर्फ़ पल-दो पल

---

1. विवेक और बुद्धि 2. अंधकार के क़ैदी 3. सुबह का आगमन 4. काँच का सामान बनाने वाला 5. अनुचित 6. जिससे कोई हानि न हो 7. स्थायी 8. शांति 9. शिथिल 10. प्रज्वलित

5

ग़मों के साए में हँस-हँस के जीना
बड़ी मुद्दत में आया ये क़रीना

समंदर कर दिए मेरे हवाले
बना कर मुझको काग़ज़ का सफ़ीना[1]

जिगर सुलगे, लहू उबले बदन में
मगर आए न माथे पर पसीना

न हो जब तेरी दो आँखों की बख़्शिश
शराब-ए-नाब[2] का पीना न पीना

ग़लत हम कोसते रहते हैं उसको
फ़लक[3] का आप भी छलनी है सीना

सभी हैं पारा-पारा रेशा-रेशा
पड़ा है किन गिरेबानों को सीना

कहाँ अख़्तर, कहाँ फ़ीरोज़-बख़्ती[4]
कि पाकर खो दिया उन-सा नगीना

6

अक्स तेरे हैं, चमन तेरा है, बंसी तेरी
तू मेरा चाँद है, मैं छोटी-सी नद्दी तेरी

दिन तो दुनिया के ग़मों से नहीं फ़ारिग़ होता
रात हर रोज़ सुनाती है कहानी तेरी

1. कश्ती 2. शुद्ध शराब 3. आसमान 4. भाग्य की सफलता

उन गुनाहों की सज़ा तो मुझे ऐ दोस्त न दे
मैंने जब तेरे लिए बात न मानी तेरी

रह गया अपने लिए एक मुअम्मा[1] बनकर
बूझने आया था इक शख़्स पहेली तेरी

तू जो करती थी सदा कच्चे घड़े की बातें
डर गई छोटी-सी इक मौज से कश्ती तेरी

आशियाँ छोटा-सा इक मैं भी बनाता लेकिन
मेरे हिस्से में न आई कोई टहनी तेरी

एक मैं हूँ कि लहू भी तेरे आगे रोया
एक तू है कि कभी आँख न भीगी तेरी

जल बुझा कब का जिसे प्रेम नगर कहते थे
फिर भी मूरत कोई मंदिर में न पिघली तेरी

तुझको जाना है मेरी जाँ तो मुहब्बत हाफ़िज़
मेरी मर्ज़ी तो ज़माने से है मर्ज़ी तेरी

7

मैं राधा की बंसी हूँ
तू गिरधर का पलना है

भीड़ में रहकर भी हमने
एक अकेले चलना है

फूल खिले हैं बाग़ों में
ज़ख़्मों ने फिर फलना है

1. पहेली

फिर-फिर सर्दी-गर्मी में
जमना और पिघलना है

जल-बुझने की बात नहीं
धीरे-धीरे जलना है

8

ख़स्ता-तन, आबला-पा[1] भी होंगे
और हम बाँगे-दरा[2] भी होंगे

भूलता जाता है चेहरा उनका
खो गए हम तो ख़फ़ा भी होंगे

ज़ख़्म भी होंगे वो मेरे दिल में
और होंटों पे दुआ भी होंगे

रीत दुनिया की कहाँ बदलेगी
मिल गए हैं तो जुदा भी होंगे

अपनी क़िस्मत में सितम हैं वर्ना
शह्र में अह्ल-ए-वफ़ा[3] भी होंगे

9

वो पहले मंज़र में ऐसे पर्दा गिरा गया है
कि उम्र-भर को चराग़ दिल के जला गया है

उदास आँखों में रतजगों की जलन छुपाए
तेरा मुसाफ़िर सलाम कह कर चला गया है

1. पैर में फफोले 2. क़ाफ़िले में बजने वाली घंटी 3. प्यार निभाने वाले

तेरी वफ़ाएँ सिमट के नुक़ता-सी रह गई हैं
मेरी मुहब्बत का दायरा फैलता गया है

उजाड़ रातों के संग-तकिये मुझे मिले हैं
किसी की रेशम-लिहाफ़-नींदों का क्या गया है

ब-चश्म-ए-नम[1] आ के मेरी मय्यत[2] पे मेरा क़ातिल
बड़े सलीक़े से अपना दामन बचा गया है

हमें ख़बर तक हुई न अख़्तर मुक़द्दमे की
वो मुद्दई अपना फ़ैसला भी सुना गया है

10

कुछ हक़ीक़त तो हुआ करती थी अफ़सानों में
वो भी बाक़ी नहीं इस दौर के इंसानों में

वक़्त का सैल[3] बहा ले गया सब कुछ वर्ना
प्यार के ढेर लगे थे मेरे खलियानों में

शाख़ से कटने का ग़म उनको बहुत था लेकिन
फूल मज़बूर थे, हँसते रहे गुलदानों में

उनकी पहचान की क़ीमत तो अदा करनी थी
जानता है कोई अपनों में न बेगानों में

सर ही हम फोड़ने जाएँ तो कहाँ जाएँगे
खोखले काँच के बुत हैं तेरे बुतख़ानों में

---

1. आँसू से भरी आँख से 2. मृत शरीर 3. धारा

11

पहुँचे हैं जो अहबाब मेरा हाथ बटाने
छत डालने आए हैं कि दीवार गिराने

गर दी है तुम्हें अक़्ल की दौलत भी ख़ुदा ने
मिट्टी में मिलाओ न मुहब्बत के ख़ज़ाने

आए हो तो मासूम ख़ताओं पे न बरसो
बिजली तो गिराओ न घटाओं के बहाने

जुगनू की किरन रात को ता-देर चमन में
फूलों को सुनाती रही तारों के फ़साने

कोशिश तो बहुत की है मगर नाम पे तेरे
चलते नहीं मालिक मेरी तस्बीह के दाने

वादों ने तेरे भूल के पूछी न मेरी बात
यादों को मेरी भूल के छोड़ा न दुआ ने

मैं मौत की बाँहों में भी ये सोच के चुप हूँ
रोएँगे बहुत मुझको मेरे यार पुराने

12

न मर सका तो किसी रोज़ भाग जाऊँगा
अज़ाब में हूँ अज़ीज़ों की ग़मगुसारी[1] से

किसी की ज़ुल्फ़-ए-मुअत्तर[2] का सायबाँ मुझको
बचा सका न ज़माने की संगबारी[3] से

---

1. सहानुभूति 2. सुगंधित बालों 3. पथराव

ज़मीन खोद के ले लो अगर ज़रूरत है
मिलेगा ख़ाक तुम्हें आसमाँ भिखारी से

जहाँ ने मुझसे बहुत नारवा[1] सलूक किया
कि जैसे छीन ले पूजा कोई पुजारी से

सईद यूँ न बनकर किसी की भी बिगड़े
कि ज़ख़्म खा के भी मैं खो गया शिकारी से

1. अनुचित

सय्यद ज़मीर जाफ़री

नाम : सय्यद ज़मीर हुसैन शाह। इनका जन्म 01 जनवरी, 1914 को चक अब्दुल ख़ालिक़ (जेहलम) में हुआ।

घर के माहौल में मज़हब, दरवेशी, खेतीबाड़ी और नौकरशाही का मिला-जुला तानाबाना था। छठी 'जमात में तुकबंदी शुरू की तो कुछ अर्से तक तो घर वालों को पता न चला। लेकिन कहावत है कि इश्क़ और मुश्क छुपाए नहीं छुपते। सो जाफ़री की शायरी छुपाए से कैसे छुपती। घर वालों तक बात पहुँची तो पहली प्रतिक्रिया तो ये थी कि लौंडा काम से गया। लेकिन फिर वालिद साहब ने समझदारी से काम लिया। जानते थे कि ये वो नशा नहीं जिसे खटास उतार दे। इसलिए दो-टूक मना करने के बजाय हिदायत की कि शेर कहते हो तो नात (पैगंबर मोहम्मद साहब की शान में प्रशंसात्मक कविता) भी कहा करो। इस्लामिया कॉलिज, लाहौर से बी.ए. करने के बाद सय्यद ज़मीर जाफ़री ने सरकारी मुलाज़मत की। मेजर बने। 1969 में इस्लामाबाद में पब्लिक रिलेशन डायरेक्टर हुए। तब शिकायत करते फिरते थे कि शेर कहने के लिए उन्हें जो ख़ास माहौल और सुकून के लम्हे चाहिए, वे पब्लिक रिलेशन के पेशे में कहाँ मिलते हैं! ज़रा-सी तनहाई भी गनीमत है।

जाफ़री मानते थे कि अदब ज़िंदगी के साथ-साथ चलता है और ज़िंदगी की रहनुमाई भी करता है। इसका सबूत उनकी अपनी शायरी है। ज़मीर जाफ़री ने कविता के अलावा गंभीर गद्य और हास्य-व्यंग्य भी लिखा है। अब तक चार किताबें प्रकाशित हो चुकी हैं : 'जज़ीरों के गीत' (शायरी संकलन), 'लहू तरंग' (शायरी), 'मा-फ़ि-उज़्ज़मीर' (मिज़ाहिया ग़ज़लें और नज़्में), 'उड़ते ख़ाके' (हास्य-लेखों का संकलन)।

12 मई, 1999 को इनका निधन हो गया।

खड़ा डिनर

'बुफ़े दावत' पे बुलवाया गया हूँ
प्लेटें दे के बहलाया गया हूँ

न आई पर न आई मेरी बारी
पुलाव तक बहुत आया-गया हूँ

कबाबों की रकाबी ढूँढने को
कई मीलों मैं दौड़ाया गया हूँ

बराय क़त्ल-ए-क़तला हा-ए-माही[1]
छुरी-काँटे से लड़वाया गया हूँ

ज़ियाफ़त[2] के बहाने दर-हक़ीक़त
मशक़्क़त[3] के लिए लाया गया हूँ

नाम की ज़रूरत

क़ौम को काम की ज़रूरत थी
और मुझे नाम की ज़रूरत थी

तेरे कूचे में कल रक़ीबों से
बलवा-ए-आम की ज़रूरत थी

---

1. मछली के टुकड़ों की हत्या करने के लिए 2. प्रीतिभोज 3. परिश्रम

मैं समझता था दोस्ती जिसको
वो फ़क़त काम की ज़रूरत थी

कौन? नासेह? मगर हुज़ूर मुझे
आज आराम की ज़रूरत थी

ग़ज़ल

1

दर्द में लज़्ज़त[1] बहुत, अश्कों में रानाई[2] बहुत
ऐ ग़म-ए-हस्ती[3], हमें दुनिया पसंद आई बहुत

हो न हो, दश्त-ओ-चमन[4] में इक तअल्लुक़[5] है ज़रूर
बाद-ए-सहराई[6] भी ख़ुशबुएँ उठा लाई बहुत

मसलहत[7] का जब्र[8] ऐसा था कि चुप रहना पड़ा
वर्ना उस्लूब-ए-ज़माना[9] पर हँसी आई बहुत

बेसहारों[10] की मुहब्बत, बे-नवाओं[11] का ख़ुलूस[12]
आह ये दौलत कि इंसानों ने ठुकराई बहुत

बे-ख़याली[13] में भी कितने फ़ासले तय हो गए
बे इरादा भी ये दुनिया दूर ले आई बहुत

अपनी फ़ितरत[14] में भी रौशन[15] होंगे लेकिन ऐ ज़मीर
मेरी रातों से भी तारों ने चमक पाई बहुत

1. स्वाद 2. सुंदरता 3. अस्तित्व का दुख 4. जंगल और बाग़ 5. संबंध 6. जंगल की वायु 7. अक्लमंदी 8. अत्याचार 9. ज़माने के चलन 10. नि:सहाय 11. कंगाल 12. निष्कपटता 13. बेसुध, अचेतन 14. स्वभाव 15. प्रकाशमय

2

एक क़रीना ये है ज़िंदा होने या न होने का
ज़ह्न[1] में ख़्वाहिश जागने की हो, दिल में मौसम सोने का

'सर्ग समय' जो फूटता था, मेरी माँ के नम हाथों से
मेरे शेर में गाता है वो नग़मा दूध बिलोने का

उम्र बिता दी ख़ालिस ख़ुशबू के वीरान तआक़ुब[2] में
हुनर न आया तिस पर भी, काग़ज़ के फूल पिरोने का

साअत-साअत[3] सच का सौदा ज़ख़्मों के बाज़ार तुला
दुनिया क्या था? आँसू-आँसू एक समंदर रोने का

सावन-सावन ख़ून की बरखा बरसी, ख़ूँ की फ़स्ल कटी
और भला फल होता भी क्या, खेत में काँटे बोने का

हर साहिल पे पाए गोरे लोगों के ख़ुशहाल 'क्लब'
हर सहरा में देखा अपना ठेला पत्थर होने का

3

अपनी ख़बर नहीं है ब-जुज़[4] इस क़दर मुझे
इक शख़्स[5] था कि मिल न सका उम्र-भर मुझे

शोलों की गुफ़्तगू[6] में, सबा[7] के ख़िराम[8] में
आवाज़ दे रहा है कोई हमसफ़र मुझे

शायद उन्हीं का इज्ज़[9] मेरे काम आ गया
जिन दोस्तों ने छोड़ दिया वक़्त पर मुझे

---

1. बुद्धि 2. पीछा 3. पल-पल 4. इसके अतिरिक्त 5. व्यक्ति 6. वार्तालाप 7. हवा 8. धीमी चाल 9. नम्रता

शब को तो एक क़ाफ़िला-ए-गुल[1] था साथ-साथ
यारब[2]! ये किस मुक़ाम[3] पे लाई सहर[4] मुझे

हँसते रहे फ़लक[5] पे सितारे, ज़मीं पे फूल
अच्छा हुआ कि उम्र मिली मुख़्तसर[6] मुझे

मुद्दत के बाद उसने सर-ए-अंजुमन[7] ज़मीर
देखा निगाह-ए-आम से और ख़ासकर मुझे

4

हम ज़माने से फ़क़त हुस्न-ए-गुमाँ[8] रखते हैं
हम ज़माने से तवक़्क़ो[9] ही कहाँ रखते हैं

एक लम्हा[10] भी मुसर्रत[11] का बहुत होता है
लोग जीने का सलीक़ा[12] ही कहाँ रखते हैं

कुछ हमारे भी सितारे तेरे दामन[13] पे रहें
हम भी कुछ ख़्वाव, जहान-ए-गुज़राँ[14] रखते हैं

चंद आँसू हैं कि हस्ती[15] की चमक है जिनसे
कुछ हवादिस[16] हैं कि दुनिया को जवाँ रखते हैं

जान-ओ-दिल नज़्र[17] हैं लेकिन निगह-ए-लुत्फ़[18] की नज़र
मुफ़्त बिकते भी हैं कीमत भी गराँ[19] रखते हैं

अपने हिस्से की मुसर्रत[20] भी अज़ीयत[21] है ज़मीर
हर नफ़स पास-ए-ग़म-ए-हमनफ़साँ[22] रखते हैं

---

1. फूलों का क़ाफ़िला 2. ऐ पालनहार 3. स्थान 4. सुबह 5. आसमान 6. संक्षिप्त 7. भरी सभा 8. भ्रम का सौंदर्य 9. आशा 10. क्षण 11. ख़ुशी हुई 12 ढंग 13. वस्त्र 14. गुजरती हुई दुनिया 15. जीवन 16. घटना (बहु) 17. भेंट 18. करुणा की दृष्टि 19. महँगा 20. ख़ुशी 21. यातना 22. मित्रगणों के दुख का ख़याल

5

तजुर्बात-ए-तल्ख़[1] ने हर चंद समझाया मुझे
दिल मगर दिल था, उसी महफ़िल में ले आया मुझे

हुस्न[2] हर शय पर तवज्जो[3] की नज़र[4] का नाम है
बारहा[5] काँटों की रानाई[6] ने चौंकाया मुझे

दूर तक दामान-ए-हस्ती[7] पर दिये जलते गए
देर तक उम्र-ए-गुज़श्ता[8] का ख़याल आया मुझे

हर नज़र बस अपनी-अपनी रौशनी तक जा सकी
हर किसी ने अपने-अपने ज़र्फ़[9] तक पाया मुझे

हर रवाँ लम्हा बड़ी तफ़सील[10] से मिलता गया
हर गुज़रते रंग ने ख़ुद रुक के ठहराया मुझे

गुंचा-ओ-गुल[11], मह्र-ओ-मह[12], अब्र-ओ-हवा[13], रुख़सार-ओ-लब[14]
ज़िंदगी ने हर क़दम पर याद फ़रमाया मुझे

6

बड़ी हैरत[15] से अरबाब-ए-वफ़ा[16] को देखता हूँ मैं
ख़ता को देखता हूँ और सज़ा को देखता हूँ मैं

अभी कुछ देर है शायद मेरे मायूस[17] होने में
अभी कुछ दिन फ़रेब-ए-रहनुमा[18] को देखता हूँ मैं

---

1. कटु अनुभव 2. सुंदरता 3. कृपा 4. दृष्टि 5. प्राय: 6. सुंदरता 7. जीवन 8. बीती हुई उम्र 9. योग्यता 10. विस्तार 11. कली और फूल 12. सूरज और चाँद 13. घटा और हवा 14. कपोल और होंठ 15. आश्चर्य 16. प्रेमीजन 17. निराश 18. पथ-प्रदर्शक का धोखा

ख़ुदा मालूम दिल को जुस्तजू[1] है किन जज़ीरों की
न जाने किन सितारों की ज़िया[2] को देखता हूँ मैं

ये क्या ग़म है, मेरे अशआर[3] को नम कर दिया जिसने
ये दिल में किस समुंदर की घटा को देखता हूँ मैं

ज़मीर इक क़ैद-ए-ना-महसूस[4] को महसूस[5] करता हूँ
किसी नादीदनी[6] ज़ंजीर-ए-पा[7] को देखता हूँ मैं

7

अगर हम दश्त-ए-जुनूँ[8] में न ग़ज़ल-ख़्वाँ होते
शह्र होते भी तो आवाज़ के ज़िंदाँ[9] होते

ज़िंदगी तेरे तक़ाज़े अगर आसाँ होते
कितने आबाद जज़ीरे[10] हैं कि वीराँ होते

तूने देखा ही नहीं प्यार से ज़र्रों की तरफ़
आँख होती तो सितारे भी नुमायाँ[11] होते

आरज़ुओं से जो पैमान-ए-वफ़ा[12] हम रखते
सानिहे[13] ज़ख़्म भी होते तो गुलिस्ताँ होते

इश्क़ ही शोला-ए-इम्कान-ए-सहर[14] है वर्ना
ख़्वाब ताबीर[15] से पहले ही परीशाँ होते

माज़ी-ओ-दोश[16] का हर दाग़ है फ़रदा[17] का चराग़
काश ये शाम-ओ-सहर सर्फ़-ए-दिल-ओ-जाँ होते

---

1. खोज 2. रौशनी 3. शेर (बहु) 4. अज्ञात क़ैद 5. अनुभव 6. अनदेखी 7. पैर की बेड़ी 8. उन्माद का जंगल. 9. कारागार 10. द्वीप (बहु) 11. स्पष्ट 12. प्रेम की प्रतिज्ञा 13. घटना (बहु) 14. सुबह होने की संभावना की चिंगारी 15. स्वप्नफल 16. भूतकाल और गतरात्रि 17. आने वाला कल

ज़ब्त-ए-तूफ़ाँ की तबीअत ही का इक रुख़ है ज़मीर
मौज आवाज़ बदल लेती है तूफ़ाँ होते

8

शब को दलिया दला करे कोई
सुबह को नाश्ता करे कोई

इसका भी फ़ैसला करे कोई
किससे कितनी हया करे कोई

आदमी से सुलूक दुनिया का
जैसे अंडा तला करे कोई

चीज़ मिलती है ज़र्फ़[1] की हद तक
अपना चमचा बड़ा करे कोई

बात वो जो कहो सर-ए-दरबार
इश्क़ जो बरमला[2] करे कोई

सोचता हूँ कि इस ज़माने में
दादी अम्मा को क्या करे कोई

जिससे घर ही चले न मुल्क चले
ऐसी तालीम क्या करे कोई

दिल भी इक शह्र है यहाँ भी कभी
'ओमनी बस' चला करे कोई

---

1. योग्यता 2. खुल्लम-खुल्ला

ऐसी क़िस्मत कहाँ ज़मीर अपनी
आ के पीछे से 'ता' करे कोई

9

पुर्ज़े-पुर्ज़े क्यों हुआ दामान-ए-जाँ मुझ से न पूछ
मैं कोई दर्ज़ी हूँ, चल हट ऐ मियाँ, मुझ से न पूछ

ये तेरे हुक़्क़े की टोपी तेरे सिर पर थी कभी
ये नहीं है वो, तो फिर है वो कहाँ, मुझ से न पूछ

'अपने मन में डूब कर पा जा सुराग़-ए-ज़िंदगी[1]!'
ज़िंदगी की टंकियाँ और नलकियाँ, मुझ से न पूछ

मैं तो जलसे में निहायत मुन्हमिक[2] बैठा रहा
बाँस ले कर उड़ गया कब सायबाँ, मुझ से न पूछ

जह्ल[3] ग़ालिब[4] इल्म[5] पर क्यों मूंछ दाढ़ी से बड़ी
ये जहाँ तेरा है ऐ रब्ब-ए-जहाँ, मुझ से न पूछ

अपनी हाँडी ख़ुद पका मिस्टर अगर ज़िंदों में है!
कौन-सी अच्छी है 'चमचों' की दुकाँ, मुझ से न पूछ

वोट की थी एक परची सो वो तो तुझ को डाल दी!
अब जो तू चाहे वो कर 'जाने-जहाँ', मुझ से न पूछ

आबगीनों[6] पर तमाँचे, आँगनों में राख देख!
कारोबार-ए-शह्र-ए-नौ-बालिश्तियाँ[7], मुझ से न पूछ

---

1. जीवन का चिह्न 2. तल्लीन 3. अज्ञान 4. विजेता 5. ज्ञान 6. काँच 7. बौनों के शहर का व्यापार

ऐ अदीब अपना क़लम मत देख, अपनी कार देख!
लुट गया क्यों कूचा-ए-दानिशगराँ[1], मुझ से न पूछ

वो ज़मीर-ए-बेनवा[2] वो इक फ़क़ीर-ए-हाल-मस्त[13]
ऐसे बंदों का फ़लाँ-इब्न-ए-फ़लाँ, मुझ से न पूछ

1. बुद्धिमान (बहु) की गली 2. गूँगा 3. अपने हाल में मगन फ़क़ीर

हफ़ीज़ होशयारपुरी

31 अक्तूबर, 1939 को ऑल इंडिया रेडियो, लाहौर में दो नए लड़के भरती हुए। एक का नाम था कृश्न चंदर, दूसरे का हफ़ीज़ होशयारपुरी। हफ़ीज़ का पूरा नाम शेख़ अल्दुल हफ़ीज़ सलीम था। 5 जनवरी, 1912 को दीवानपुर, जिला झंग में पैदा हुए। प्रारंभिक शिक्षा होशयारपुर में हुई, बी.ए. और एम.ए. (फ़िलासफ़ी) लाहौर से किया। हफ़ीज़ के नाना शेख़ ग़ुलाम मोहम्मद को उर्दू फ़ारसी के न सिर्फ़ हज़ारों शेर बल्कि गद्य की कई किताबें पूरी-की-पूरी याद थीं। उनके असर से हफ़ीज़ 10-11 साल की उम्र से उर्दू और फ़ारसी में शेर कहने लगे।

जब हफ़ीज़ कॉलेज में थे, तो फ़ैज़ अहमद फ़ैज़ और नून. मीम. राशिद भी वहीं पढ़ रहे थे। सय्यद अहमद शाह बुख़ारी पितरसे और सूफ़ी ग़ुलाम मुस्तफ़ा तबस्सुम उनके उस्तादों में थे। समकालीन देशप्रेमी बुद्धिजीवियों की तरह, हफ़ीज़ ने भी अंग्रेज़ साम्राज्य के ख़िलाफ़ अपनी क़लम का इस्तेमाल किया। जब इंटर में थे तो विद्यार्थियों के एक जुलूस की अगुवाई करते हुए हफ़ीज़ की गिरफ़्तारी का वारंट जारी हो गया। लेकिन ख़ानदान के बुज़ुर्गों का रसूख़ काम आया और गिरफ़्तार होते-होते बचे।

आज़ादी के बाद कृश्न चंदर ने एक रिसाला निकाला था 'नए ज़ाविये'। उद्देश्य था, उर्दू की आधुनिक प्रवृत्तियों को पाठकों के सामने पहुँचाना। ये पत्रिका रचनाओं का संकलन होने के साथ-साथ आलोचनाओं का अखाड़ा और प्रगतिशील लेखन का मंच भी थी। कृश्न चंदर क्योंकि कृश्न चंदर थे इसलिए उन्होंने यगाना और आरज़ू लखनवी जैसे कई मशहूर और लोकप्रिय लेखकों को इस पत्रिका में इसलिए छापने से इनकार कर दिया कि वे लोग कृश्न चंदर की कसौटी पर आधुनिक नहीं उतरते थे। हफ़ीज़ होशयारपुरी की रचनाएँ 'नए ज़ाविये' में छपीं। ये तथ्य उनकी कला की सनद भी है और उनके लेखन का विरोधाभास भी। वे उस दौर में ग़ज़लों के लेखक की हैसियत से प्रतिष्ठित हुए जब सिर्फ़ ग़ज़ल कहना रिवायती शायर होने की दलील समझा जाता था।

हफ़ीज़ होशयारपुरी रेडियो लेखन से जुड़े थे। वे स्वरलहरी के सौंदर्य का भी उतना ही ख़याल रखते थे जितना अर्थ के वैविध्य का। एक ज़माने में नासिर काज़मी उनकी शागिर्दी का फ़ख़्रिया ऐलान किया करते थे।

सन 1947 से पहले तक हफ़ीज़ ऑल इंडिया रेडियो, लाहौर और बंबई में ज़िम्मेदार ओहदों पर रहे। देश विभाजन के बाद रेडियो पाकिस्तान में चले गए। कराची में डिप्टी-डायरेक्टर-जनरल रह कर रिटायर हुए तो लेखन में लग गए। शुरू से ही शोध के ऐसे धनी थे कि जब बंबई में प्राचीन उर्दू का अध्ययन करते समय ये जाना कि वली दक्कनी का तअल्लुक़ अहमदाबाद, गुजरात से था तो गुजराती सीखी। कराची आए तो सिंधी सीखकर मसनवियात 'हीर राँझा' का संपादन किया जिसे सिंधी अदबी बोर्ड ने 1957 में प्रकाशित किया। सिंधी उनकी मातृभाषा नहीं थी। लेकिन हफ़ीज़ ने बरसों सिंधी शायरी के उर्दू अनुवाद किए।

उनकी ग़ज़लों के प्रकाशित संकलन का नाम है 'मक़ाम-ए-ग़ज़ल'।

हफ़ीज़ होशयारपुरी का निधन 10 जनवरी, 1973 को हो गया।

ग़ज़ल

1

न पूछ क्यों मेरी आँखों में आँसू आ गए
जो तेरे दिल में है, उस बात पर नहीं आए

वफ़ा-ए-अह्द है यह, पा-शिकस्तगी तो नहीं
ठहर गया कि मेरे हमसफ़र नहीं आए

न छेड़ उनको ख़ुदा के लिए कि अह्ल-ए-वफ़ा
भटक गए हैं तो फिर राह पर नहीं आए

अभी-अभी वो गए हैं मगर ये आलम है
बहुत दिनों से वो जैसे नज़र नहीं आए

कहीं ये तर्क-ए-मुहब्बत[1] की इब्तिदा[2] तो नहीं
वो मुझको याद कभी इस क़दर नहीं आए

अजीब मंज़िल-ए-दिलकश अदम[3] की मंज़िल है
मुसाफ़िरान-ए-अदम[4] लौट कर नहीं आए

हफ़ीज़ कब उन्हें देखा नहीं ब-रंग-ए-दिगर[5]
हफ़ीज़ कब वो ब-रंग-ए-दिगर नहीं आए

---

1. प्रेम-त्याग 2. आरंभ 3. परलोक 4. परलोक के यात्री 5. दूसरे रंग में

2

मन-ओ-तू[1] का हिजाब[2] उठने न दे, ऐ जान-ए-यकताई[3]
कहीं ऐसा न हो, बन जाऊँ ख़ुद अपना तमन्नाई[4]

वही मैं हूँ वही है तेरे ग़म की कारफ़रमाई[5]
कभी तन्हाई में महफ़िल, कभी महफ़िल में तन्हाई

ख़लिश-अंगेज़[6] है वो आलम-ए-जज़्ब-ओ-गुरेज़[7] अब तक
तेरी अच्छी-बुरी हर बात यूँ तो मुझको याद आई

क़ुसूर-ए-ज़र्फ़[8] समझूँ या शऊर-ए-लज़्ज़त-अंदोजी[9]
तेरे लुत्फ़-ओ-करम में तश्नगी ही तश्नगी पाई

न छोड़ा दामन-ए-होश-ओ-ख़िरद[10], दिल ने मुहब्बत में
सज़ा-ए-दिल, हिसार-ए-आगही[11] की क़ैद-ए-तन्हाई[12]

3

ग़म-ए-आफ़ाक़[13] है रुसवा[14], ग़म-ए-दिलबर[15] बन के
तुहमत-ए-इश्क़[16] लगी हम पे, सुख़नवर[17] बन के

वो नहीं, मौत सही, मौत नहीं, नींद सही
कोई आ जाए शब-ए-ग़म का मुक़द्दर बन के

राहबर तुम को बनाया, हमें मालूम न था
राह-रौ राह भटक जाते हैं, रहबर बन के

---

1. मैं और तू 2. पर्दा 3. अनुपम 4. अभिलाषी 5. प्रभाव 6. चिंताजनक 7. आकर्षण और उपेक्षा की दशा 8. सहनशीलता की कमी 9. आनंद को छुपाने का सलीका 10. समझ और बुद्धि का दामन 11. ज्ञान की परिधि 12. ऐसी क़ैद जिसमें क़ैदी को अलग कोठरी में बंद कर दिया जाता है 13. संसार का दुख 14. बदनाम 15. माशूक़ का दुख 16. प्रेम का आरोप 17. शायर

इस ज़ियाँख़ाने में इक क़तरे पे क्या-क्या गुज़री
कभी आँसू, कभी शबनम, कभी गौहर[1] बन के

मौत की नींद के मातों पे न क्यों रश्क[2] आए
जागना है उन्हें हंगामा-ए-महशर[3] बन के

याद फिर आ गईं भूली हुई बातें क्या-क्या
फिर मुलाक़ात हुई ऐश-ए-मुक़द्दर[4] बन के

आह, ये उक़्दा-ए-ग़म[5], बज़्म-ए-तरब[6] में भी हफ़ीज़
बारहा आँख छलक जाती है साग़र बन के

4

गर इसका सिलसिला भी उम्र-ए-जाविदाँ[7] से मिले
किसी को ख़ाक सुकूँ[8] मर्ग-ए-नागहाँ[9] से मिले

कोई ज़मीं से भी पहुँचाए आसमाँ को पयामा[10]
पयाम अह्ल-ए-ज़मीं[11] को तो आसमाँ से मिले

ख़ुद अपनी गुमशुदगी[12] से जिन्हें शिकायत है
तू ही बता, उन्हें तेरा निशाँ कहाँ से मिले

सुराग़-ए-उम्र-ए-गुज़िश्ता[13] मिले कहीं से हफ़ीज़
सुराग़-ए-उम्र-ए-गुज़िश्ता मगर कहाँ से मिले

1. मोती 2. किसी को हानि पहुँचाए बिना उस जैसा बनने की भावना 3. क़यामत का शोर 4. भाग्य का मुख 5. दुख की गुत्थी 6. ख़ुशी की सभा 7. अनश्वर 8. शांति 9. अकस्मात् मृत्यु 10. संदेसा 11. धरती के वासी 12. खो जाना 13. बीते हुए दिनों का सुराग़

5

रौशनी सी कभी-कभी दिल में
मंज़िल-ए-बेनिशाँ[1] से आती है

लौट कर नूर की किरन जैसे
सफ़र-ए-ला-मकाँ[2] से आती है

नू-ए-इंसाँ[3] है गोश-बर-आवाज़[4]
क्या ख़बर किस जहाँ से आती है

अपनी फ़रियाद बाज़गश्त[5] न हो
इक सदा आस्माँ से आती है

तख़्ता-ए-दार[6] है कि तख्ता-ए-गुल[7]
बू-ए-ख़ूँ[8] गुलिस्ताँ[9] से आती है

दिल से आती है बात लब पे हफ़ीज़
बात दिल में कहाँ से आती है

6

कोई तूफ़ाँ न हो आनेवाला
मौज कुछ कहने चली साहिल से

आदमी, आदमी जब तक न रहे
हज़िर[10] उस फ़ितना-ए-आब-ओ-गिल[11] से

दोस्ती आम है लेकिन ऐ दोस्त
दोस्त मिलता है बड़ी मुश्किल से

---

1. वो मंज़िल जिसका कोई अता-पता न हो 2. आकाश के परे से 3. मानवजाति 4. आवाज़ पर कान लगाए हुए 5. लौटी हुई 6. फाँसी का तख़्ता 7. फूलों का तख़्ता 8. ख़ून की बू 9. बाग़ 10. सतर्क 11. पानी और मिट्टी के बने हुए आदमी से जो षड्यंत्री है

हमको मंज़िल ने भी गुमराह किया
रास्ते निकले कई मंज़िल से

उसे देखे कोई आँखों से मेरी
उसे चाहे कोई मेरे दिल से

आशना हो के है बेगाना हफ़ीज़
तेरी महफ़िल में, तेरी महफ़िल से

7

आज उन्हें कुछ इस तरह जी खोलकर देखा किए
एक ही लम्हे में जैसे उम्र-भर देखा किए

दिल अगर बेताब है, दिल का मुक़द्दर है यही
जिस क़दर थी हमको तौफ़ीक़-ए-नज़र[1], देखा किए

ख़ुद-फ़रोशाना[2] अदा थी, मेरी सूरत देखना
अपने ही जलवे ब-अंदाज़-ए-दिगर[3] देखा किए

ना-शनास-ए-ग़म[4] फ़क़त दाद-ए-हुनर[5] देते रहे
हम मता-ए-ग़म[6] को रुसवा-ए-हुनर[7] देखा किए

देखने का अब ये आलम है, कोई हो या न हो
हम जिधर देखा किए, पहरों उधर देखा किए

हुस्न को देखा है मैंने हुस्न की ख़ातिर हफ़ीज़
वर्ना सब अपना ही मेयार-ए-नज़र[8] देखा किए

---

1. देखने की शक्ति 2. विश्वासघाती 3. दूसरे अंदाज़ से 4. दुखों से अपरिचित 5. गुण की प्रशंसा 6. दुख की पूँजी 7. गुण की निंदा 8. दृष्टि का स्तर

8

तेरी तलाश में हम जब कभी निकलते हैं
इक अजनबी की तरह रास्ते बदलते हैं

तेरी तलाश है या मुझसे इज्तिनाब[1] है ये
कि रोज़ एक नए रास्ते पे चलते हैं

दराज़ हो ग़म-ए-हिज्राँ कि हासिल-ए-हिज्राँ[2]
वो हौसले हैं जो आग़ोश-ए-ग़म[3] में पलते हैं

रवा[4] नहीं है ग़म-ए-इश्क़ इस कदर भी ग़रूर
तेरे बग़ैर भी दुनिया में काम चलते हैं

कभी जो हद से बढ़ी उनकी याद तो समझे
कि उनके दिल में भी कुछ वलवले[5] मचलते हैं

शब-ए-फ़िराक़[6] कुछ ऐसी भी तीरगी[7] तो नहीं
कभी-कभी सरे-मिज़्गाँ[8] चराग़ जलते हैं

अब उनके ग़म से भी महरूम[9] हो न जाएँ कभी
वो जानते हैं कि इस ग़म से दिल बहलते हैं

9

गुज़र रहे हैं ये किस मौसम-ए-बहार से हम
उलझ रहे हैं गिरेबान-ए-रोज़गार[10] से हम

जबीं[11] पे गर्द-ए-सफ़र[12] है, नज़र में अज़्म-ए-जवाँ[13]
ये किस दयार में पहुँचे हैं किस दयार से हम

---

1. घृणा 2. विरह का दुख लंबा हो कि विरह का सार 3. दुख की गोद 4. उचित 5. उमंगें 6. वियोग की रात 7. अँधेरा 8. पलकों पर 9. निराश 10. संसार का गिरेबान 11. माथा 12. यात्रा की धूल 13. दृढ़ संकल्प

हर इक क़दम था जहाँ मौज-ए-ख़ूँ[1] से हम-आग़ोश[2]
गुज़र के आए हैं इक ऐसी रहगुज़र से हम

फ़रोग़े-सुबह[3] का है मुंतज़िर[4] अभी ये जहाँ
कि सरगिराँ[5] हैं अभी कुलफ़त-ए-ख़ुमार[6] से हम

तमाम उम्र किया हमने इंतिज़ार-ए-बहार
बहार आई तो शर्मिंदा हैं बहार से हम

फ़ज़ा पे छाएँगे तूफ़ान-ए-रंग-ओ-बू[7] बनकर
बहार बन के जो निकले हैं शोलाज़ार[8] से हम

सता सकेगी न फिर तल्ख़ी-ए-ग़म-ए-दौराँ[9]
वो अहद[10] ताज़ा करेंगे निगाह-ए-यार से हम

उफ़ुक़[11] पे हद्द-ए-नज़र[12] तक ग़ुबार[13] छाया है
हफ़ीज़ उभरेंगे आख़िर उसी ग़ुबार से हम

---

1. ख़ून की लहर 2. आलिंगनबद्ध 3. सुबह की रौशनी 4. प्रतीक्षा 5. अप्रसन्न 6. नशे का कष्ट 7. फूलों के रंग और सुगंध का तूफ़ान 8. जहाँ आग ही आग हो 9. सांसारिक दुखों की कटुता 10. प्रतिज्ञा 11. क्षितिज 12. दृष्टि की सीमा 13. धूल

हिमायत अली शायर

नाम : मीर हिमायत अली। इनका जन्म 14 जुलाई, 1926 को औरंगाबाद (दक्कन) में हुआ। शिक्षा : एम.ए., शोध : पाकिस्तान में उर्दू ड्रामा (पी-एच.डी. के लिए)।

पत्रकारिता : दैनिक 'जिनाह', 'मंज़िल' और 'हमदर्द' (हैदराबाद, दक्कन)

संपादन : 'साज़-ए-नौ' (हैदराबाद, दक्कन) 'शऊर' (हैदराबाद, सिंध)

ऑल इंडिया रेडियो : औरंगाबाद और हैदराबाद

रेडियो पाकिस्तान : कराची और हैदराबाद, सिंध

टेलीविज़न : लाहौर और कराची

फ़िल्म-गीतकार : पहली फ़िल्म 'आँचल'

पटकथा और संवाद : पहली फ़िल्म 'तसवीर'

निर्माता : पहली फ़िल्म 'लोरी'

निर्माता और निर्देशक : पहली फ़िल्म 'गुड़िया'

अध्यापन : सचल कॉलेज (हैदराबाद, सिंध), सिंध यूनिवर्सिटी (जामशोरो)

हैदराबाद (दक्कन) में एक तबक़ा होता था—इनआमदार। ये वो लोग थे जिन्हें शासक गाहे-बगाहे किसी बात या काम से ख़ुश हो कर ज़मीन के कुछ टुकड़े दे दिया करते थे। इन लोगों की नस्ल-दर-नस्ल इन्हीं ज़मीन के टुकड़ों को जोतते-बोते या बादशाहों के लिए कारनामे करती गुज़रती। हिमायत अली इनआमदारों के एक सिपहगिरी-खेती करने वाले कट्टर मज़हबी और अनपढ़ लोगों के परिवार में पले। सिर्फ़ उनके पिता थोड़ा-बहुत पढ़े थे। घर के बाक़ी लोगों को साहित्य या कलात्मकता छू तक भी नहीं गई थी।

इस अकवितात्मक वातावरण में पलने के बावजूद शायर होकर भी हिमायत अली की संवेदनाओं की परीक्षा का अंत नहीं होता। कला जगत में स्थापित होने के लिए उन्हें अनेकों कड़वे क्षणों से गुजरना पड़ा। मसलन सन् 1950 में राजनीतिक कारणों से ऑल इंडिया रेडियो, हैदराबाद से निकाल दिये जाने पर उन्होंने पेट भरने के लिए कई महीने अख़बार बेचकर गुजारा किया।

हिमायत अली की कविता के विषय हैं ग़म-ए-जानाँ, ग़म-ए-वतन और ग़मे-ए-क़ायनात। लेकिन ये तीनों विषय जुदा-जुदा न होकर एक ही नज़रिये में गुँथे हैं। ग़मे जानाँ की रचनाएँ व्यक्तिगत दुख की दास्तान से शुरू होती हैं लेकिन फिर केवल निजी दुख का विलाप भर रहने की बजाय वृहत् सामाजिक संदर्भ से जा जुड़ती हैं। उनके शेरों में आपको कहीं ज़ब्त का एहसास मिलेगा, कहीं ऐसा महसूस होगा कि उनकी चीख़ ललकार बन गई है। आलोचक मुमताज़ हुसैन के शब्दों में हिमायत अली की शायरी अगर एक तरफ़ आपबीती है तो दूसरी तरफ़ क़ौमी इतिहास का आईना है। उनकी आवाज़ में रात की चुप्पी और तूफ़ानी समंदर का शोर, दोनों ही हैं।

उनकी किताबें हैं : 1. 'वादा-ए-नीमरस', 2. 'आग में फूल' (शायरी का संकलन), 3. 'मिट्टी का क़र्ज़' (शायरी का संकलन), 4. 'तश्नगी का सफ़र' (लंबी कविताएँ), 5. 'हारून की आवाज़' (शायरी का संकलन), 6. 'सलासी', 7. 'मेरी धरती मेरे ख़्वाब' (गीतों का संकलन), 8. सरगम (गीतों का संकलन), 9. 'ज़ाविये' (आपेरा), 10. 'फ़ासले' (नाटक), 11. 'किताबी चेहरे' (मज़ामीन), 12. 'दूद-ए-चराग़-ए-महफ़िल' (शायरों का चयन), 13. 'उर्दू नातिया शायरी के 700 साल', 14. 'पाकिस्तान उर्दू में शायरी के 700 साल'।

16 जुलाई, 2019 को इनका निधन हो गया।

जवाब

सूरज ने जाते-जाते बड़ी तम्कनत[1] के साथ
ज़ुलमत[2] में डूबती हुई दुनिया पे की नज़र
कहने लगा कि कौन है अब इसका पासबाँ[3]
मेरे सिवा है कौन ज़माने का राहबर
मैं था तो अपनी राह पे थी गामज़न[4] हयात[5]
अब मैं नहीं रहूँगा तो ये सारी कायनात[6]
ज़ुलमात[7] में भटकती फिरेगी तमाम रात

सूरज ये कहके जा ही रहा था कि इक दिया
चुपके से जल उठा और उसे देखने लगा

आदमी

कल भी मैं जंगल में था और आज भी जंगल में हूँ
कल मेरे हमसाए थे ख़ूनी दरिंदे, भेड़िये
आज इंसानों में हूँ और ख़ून के जलथल में हूँ
मुझको तहज़ीबों[8] ने आईना दिखाया तो खुला
रूह[9] का क़ातिल हूँ मैं और जिस्म के मक़्तल[10] में हूँ

---

1. अभिमान 2. अँधेरा 3. निरीक्षक 4. चलता हुआ 5. जीवन 6. संसार 7. अँधेरों 8. सभ्यता 9. आत्मा 10. वध-स्थान

बहुरूप

इक मुद्दत से अह्द-ए-वफ़ा[1]
सीने से लगाए फिरता हूँ
इक मुद्दत से इक दौलत-ए-ग़म
दुनिया से छुपाए फिरता हूँ

मेरी आँखों में कोई अश्क[2] तो क्या
इक आह-ए-ज़ेर-ए-लब[3] भी नहीं
कोई ख़लवत[4] हो कोई जलवत[5] हो
मेरा दिल है कहीं और मैं हूँ कहीं

हँसता हूँ कि वीराँ आँखों से
कोई राज़ न इफ़्शा[6] हो जाए
गाता हूँ कि चुप-चुप रहने से
ग़म-ए-इश्क़ न रुसवा हो जाए

दिल चीख़ता रहता है लेकिन
मैं हँसता-हँसता रहता हूँ
इक मिट्टी के माधो की तरह
दुनिया से निभाता रहता हूँ

सलासी[7]

(ज़ाविया-ए-निगाह)[8]

ये एक पत्थर जो रास्ते में पड़ा हुआ है
इसे मुहब्बत तराश ले तो यही सनम है
इसे अक़ीदत[9] नवाज़ दे तो यही ख़ुदा है

---

1. प्रेम की प्रतिज्ञा 2. आँसू 3. होंठों के नीचे दबी आह 4. एकांत 5. भीड़ 6. प्रकट 7. शायर के अपने शब्दों में : ये तर्ज़े-ख़ास है ईजाद मेरा 8. दृष्टिकोण 9. श्रद्धा

उस्लूब[1]

किस तरह तराश कर सजाएँ
नादीदा[2] ख़याल के बदन पर
लफ़्ज़ों की सिली हुई क़बाएँ[3]

इंतिबाह[4]

मग़रूर हवा से कहो ये बात न भूले
जम जाएँ तो बन जाते हैं इक कोह-ए-गिराँ[5] भी
वीरानों में उड़ते हुए आवारा बगूले

कुर्सी

जंगल का ख़ूँख़्वार दरिंदा था मेरा हमसाया
अपनी जान बचाने, मैं जंगल से शह्र में आया
शह्र में भी है मेरे ख़ून का प्यासा इक चौपाया

इल्म

मरना है तो दुनिया में तमाशा कोई कर जा
जीना है तो इस गोशा-ए-तनहाई[6] में ऐ दिल
मानी[7] की तरह लफ़्ज़ के सीने में उतर जा

ग़ज़ल

1

दस्तक हवा ने दी है ज़रा ग़ौर से सुनो
तूफ़ाँ की आ रही है सदा, ग़ौर से सुनो

शाख़ें उठाके हाथ दुआ माँगने लगीं
सरगोशियाँ चमन में हैं क्या, ग़ौर से सुनो

---

1. शैली 2. अनदेखा 3. वस्त्र 4. चेतावनी 5. पहाड़ 6. एकांत 7. अर्थ

महसूस कर रहा हूँ मैं कर्ब-ए-शिकस्तगी[1]
तुम भी शगुफ़्त-ए-गुल[2] की सदा ग़ौर[3] से सुनो

गुलचीं को देख लेती है जब कोई शाख़-ए-गुल
देती है बद-दुआ कि दुआ, ग़ौर से सुनो

ये और बात, ख़ुश्क हैं आँखें, मगर कहीं
खुलकर बरस रही है घटा, ग़ौर से सुनो

शाख़ों से टूटते हुए पत्तों को देखकर
रोती है मुँह छुपाके हवा, ग़ौर से सुनो

ये दश्त-ए-बेकराँ[4], ये पुर-असरार[5] ख़ामुशी
और दूर इक सदा-ए-दरा, ग़ौर से सुनो

ये बाज़-गश्त[6], मेरी सदा की है या मुझे
आवाज़ दे रहा है ख़ुदा, ग़ौर से सुनो

बढ़ती चली है अर्ज़-ओ-समा[7] में कशीदगी[8]
कौनैन[9] में है हश्र[10] बपा, ग़ौर से सुनो

कब तक ज़मीं उठाए रहे आस्माँ का बोझ
अब टूटती है रस्म-ए-वफ़ा[11], ग़ौर से सुनो

मैं टूटता हूँ, ख़ैर मुझे टूटना ही है
धरती चटख़ रही है, जरा ग़ौर से सुनो

सहरा में चीख़ते हैं बगूले, तो शह्र-शह्र
इक शोर है, सुकूत-ए-फ़ज़ा[12], ग़ौर से सुनो

शाइर तराशते तो हो दिल में ख़ुदा का बुत
आवाज़ा-ए-शिकस्त-ए-अना[13], ग़ौर से सुनो

---

1. टूटने का दुख 2. फूल का खिलना 3. आवाज़ 4. असीम जंगल 5. भेदभरी 6. वापसी 7. धरती और आकाश 8. अप्रसन्नता 9. दोनों संसार 10. हंगामा 11. प्रेम की परंपरा 12. वातावरण का मौन 13. अहम् टूटने की आवाज़

2

मेरा शऊर मुझको ये आज़ार[1] दे गया
सूरज की तरह दीदा-ए-बेदार[2] दे गया

हर फूल इक शरर[3] है तो हर शाख़ एक बर्क़[4]
जन्नत का ख़्वाब, दोज़ख-ए-गुलज़ार[5] दे गया

सूरज का रुख़ बदलते ही ख़ुद भी बदल गया
कैसा फ़रेब साया-ए-दीवार[6] दे गया

लब-बस्तगी[7] में हसरत-ए-गुफ़्तार[8] जाग उठी
ख़ौफ़-ए-सुकूत[9], जुरअत-ए-इज़्हार[10] दे गया

जलता हूँ अपनी आग में ख़ुर्शीद[11] की तरह
कैसी सज़ा ये शोला-ए-पिंदार[12] दे गया

साए में आस्माँ के भी मुझको न मिल सका
वो आसरा जो साया-ए-दीवार दे गया

3

हर क़दम पर नित-नए साँचे में ढल जाते हैं लोग
देखते ही देखते, कितने बदल जाते हैं लोग

किसलिए कीजे किसी गुमगश्ता[13] जन्नत की तलाश
जब कि मिट्टी के खिलौनों से बहल जाते हैं लोग

---

1. रोग 2. जागती हुई आँख 3. चिंगारी 4. बिजली 5. बाग़ का नरक 6. दीवार का साया 7. चुप रहने में 8. बोलने की इच्छा 9. मौन का भय 10. बोलने का साहस 11. सूर्य 12. अभिमान की चिंगारी 13. खोई हुई

कितने सादा-दिल हैं अब भी, सुनके आवाज़-ए-जरस[1]
पेश-ओ-पस से बेख़बर, घर से निकल जाते हैं लोग

अपने साए-साए सिर न्योढ़ाए, आहिस्ता-ख़राम[2]
जाने किस मंज़िल की जानिब आजकल जाते हैं लोग

शम्अ के मानिंद अह्ल-ए-अंजुमन[3] से बे-नियाज़[4]
अक्सर अपनी आग में चुपचाप जल जाते हैं लोग

शाइर उनकी दोस्ती का अब भी दम भरते हैं आप
ठोकरें खाकर तो सुनते हैं सँभल जाते हैं लोग

4

जब तक ज़मीं पे रेंगते साए रहेंगे हम
सूरज का बोझ सिर पे उठाए रहेंगे हम

खुल कर बरस ही जाएँ कि ठंडी हो दिल की आग
कब तक ख़ला[5] में पाँव जमाए रहेंगे हम

झाँकेगा आईनों से कोई और जब तलक
हाथों में संग-ओ-ख़िश्त[6] उठाए रहेंगे हम

इक नक़्श-ए-पा[7] की तरह सही इस ज़मीन पर
अपनी भी एक राह बनाए रहेंगे हम

जब तक न शाख़-शाख़ के सिर पर हो ताज-ए-गुल[8]
काँटों का ताज सिर पे सजाए रहेंगे हम

---

1. कारवाँ की घंटियों की आवाज़ 2. धीरे-धीरे चलते हुए 3. संसार वाले 4. बेपर्वा 5. अंतरिक्ष 6. पत्थर 7. पद-चिह्न 8. फूलों का ताज

5

अब तो हर शोर-ए-तरब[1] सुनकर दहल जाता है दिल
जाने किस अंदेशा-ए-फ़र्दा[2] से घबराता है दिल

जब भी मिलते हैं कहीं दो दिल बहुत ही प्यार से
मुस्कुरा उठती हैं आँखें और भर आता है दिल

तुम इसे दीवानगी समझो कि नादानी कहो
टूट कर भी फिर उसी पत्थर के गुन गाता है दिल

फिर न लुट जाएँ कहीं मंज़िल पे अह्ल-ए-कारवाँ
उठते जाते हैं क़दम और बैठता जाता है दिल

शाइर ऐसी चोट खाई है ब-फ़ैज़-ए-दोस्ताँ[3]
दोस्ती के नाम ही से अब लरज़ जाता है दिल

6

कोई हमदम नहीं, मूनिस[4] नहीं, दमसाज़[5] नहीं
अपना ग़म किससे कहूँ कोई भी हमराज़ नहीं

खो गई जाने कहाँ, दिल के धड़कने की सदा
मेरी आवाज़ में शामिल मेरी आवाज़ नहीं

ऐसा लगता है, कोई मह्व-ए-सुख़न है मुझ से
हमा-तन-गोश हूँ लेकिन कोई आवाज़ नहीं

आशियाँ और क़फ़स, एक हैं अब अपने लिए
बाल-ओ-पर हों भी तो क्या, जुरअत-ए-परवाज़[6] नहीं

---

1. ख़ुशी का शोर 2. आने वाले कल का भय 3. दोस्तों की मेहरबानी 4. मित्र 5. मित्र 6. उड़ने का साहस

खाए जाता है तुम्हें कौन-सा ग़म ऐ शाइर
अब वो जीने का क़रीना नहीं, अंदाज़ नहीं

7

वक़्फ़-ए-ग़म-ओ-आलाम[1] किए जाता है मुझको
क्या शुग़्ल तेरा इश्क़ दिए जाता है मुझको

पहले तो मैं पी जाता था हर ग़म को ब-यक जाम
अब ग़म है कि हर लम्हा पिए जाता है मुझको

ऐ तश्ना-लबी[2] देख ये साक़ी की इनायत
सहबा[3] के एवज़, ज़ह्र दिए जाता है मुझको

क्यों खौफ़-ज़दा इतना है मुझसे कि ज़माना
सीने में मेरे दफ़्न किये जाता है मुझको

मालूम नहीं, कौन-सी राहों पे रवाँ हूँ
दिल जाने किधर आज लिए जाता है मुझको

8

ज़ख़्म को भूल, हक़ीक़त को गुमाँ कहते हैं
लोग हर बात सर-ए-बज़्म कहाँ कहते हैं

शाख़-ए-गुल है कि किसी लाश का सूखा हुआ हाथ
यह बहाराँ है तो फिर किसको ख़िज़ाँ कहते हैं

है ये वीराना यहाँ पाँव सँभलकर रखना
कभी आबाद था इक शह्र यहाँ कहते हैं

1. दुख और कष्ट का उत्सर्ग 2. प्यास 3. शराब

तुममें और हममें यही फ़र्क़ है दुनिया वालो
हम हर इक बात सर-ए-बज़्म-ए-जहाँ कहते हैं

ज़र्फ़[1] की बात है, इक जाम की ख़ातिर कुछ लोग
दुज़्द-ए-मयख़ाना[2] को भी पीर-ए-मुग़ाँ[3] कहते हैं

9

उसके ग़म को, ग़म-ए-हस्ती तो मेरे दिल न बना
ज़ीस्त[4] मुश्किल है इसे और भी मुश्किल न बना

तू भी महदूद[5] न हो मुझ को भी महदूद न कर
अपने नक़्श-ए-कफ़-ए-पा[6] को मेरी मंज़िल न बना

और बढ़ जाएगी वीरानी-ए-दिल, जान-ए-जहाँ
मेरी ख़ल्वत-गह-ए-ख़ामोश[7] को महफ़िल न बना

दिल के हर खेल में होता है बहुत जाँ का ज़ियाँ[8]
इश्क़ को इश्क़ समझ, मशग़ला-ए-दिल[9] न बना

फिर मेरी आस बंधा कर मुझे मायूस न कर
हासिल-ए-ग़म को ख़ुदारा[10] ग़म-ए-हासिल न बना

10

रात सुनसान, दश्त-ओ-दर ख़ामोश
चाँद तारे शजर-हजर ख़ामोश

1. सहनशीलता 2. शराबख़ाने का चोर 3. शराबख़ाने का बूढ़ा प्रबंधक 4. जीवन 5. सीमित 6. तलवे का निशान 7. वो मौन स्थान जहाँ कोई दूसरा न हो 8. हानि 9. दिल का कार्य 10. ईश्वर के लिए

कोई आवाज़-ए-पा[1], न बाँग-ए-जरस[2]
कारवाँ और इस क़दर ख़ामोश

हर तरफ़ इक मुहीब[3] सन्नाटा
दिल धड़कता तो है, मगर ख़ामोश

हुए जाते हैं किसलिए आख़िर
हमसफ़र, बात-बात पर ख़ामोश

हैं ये आदाब-ए-रहगुज़ार कि ख़ौफ़
राह-रौ[4] चुप हैं, राहबर ख़ामोश

मुख़्तसर हो न हो शब-ए-तारीक[5]
हमको जलना है ता-सहर[6] ख़ामोश

ढल चुकी रात, बुझ गई शमएँ
राह तकती है चश्म-ए-तर[7] ख़ामोश

11

शाइर साहिब इस बस्ती में किसको गीत सुनाते हो
सायों के सुनसान नगर में किसका दिल गरमाते हो

सोने-चाँदी की दुनिया में प्यार की क़ीमत क्या होगी
दिल का खोटा सिक्का ले कर किस बाज़ार में जाते हो

जलता सूरज, तपती धरती, ऊँची-नीची राहगुज़र
अपने साए-साए चलकर पग-पग ठोकर खाते हो

---

1. पैरों की आवाज़ 2. घंटे की आवाज़ 3. भयानक 4. पथिक 5. अँधेरी रात 6. सुबह तक 7. भीगी हुई आँख

उड़ते बगूलों के पीछे क्यों दौड़ रहे हो, रुक जाओ
इस आबाद ख़राबे[1] में क्यों अपनी जान गँवाते हो

तनहा-तनहा, खोए-खोए, चुप-चुप रहने से हासिल
कोने-कोने रो लेते हो दिल की आग बुझाते हो

जिन पर तुम को नाज़ था वो भी बिक गए दो कौड़ी के मोल
अब भी वक़्त का रुख़ पहचानो, वक़्त से क्यों टकराते हो

ऐसे रौशन सूरज से तो रात के तारे ही अच्छे
साथ न दें जो अँधियारे में क्यों उनके गुन गाते हो

1. निर्जन स्थान

होश तिरमिज़ी

नाम : सय्यद सिबते हसन, तखल्लुस पहले ज़हीर था, 1941 से होश है। इनका जन्म 1 जनवरी, 1920 को क़स्बा साढौरा, जिला अंबाला में हुआ।

शिक्षा : एम.ए.।

"शेर की समझ-बूझ बचपन से है। 1936 में सबसे पहले दैनिक 'एहसान' में ग़ज़ल प्रकाशित हुई। किसी को उस्ताद नहीं बनाया। शेर कहने के अलावा नाटक लिखे। कभी-कभी नज़्म भी कह लेता हूँ। पुरखे कभी तिरमिज़ (ईरान) से आए थे इसलिए तिरमिज़ी हूँ।"

1947 में लाहौर आ बसे। रेलवे, पी.डब्ल्यू.डी., इंश्योरेंश कंपनियों और समाचारपत्रों में नौकरियाँ की। 1955 से पंजाब के सूचना प्रसारण विभाग में रहे। शायरी का संकलन 'मताए-जुनूँ' 1967 में प्रकाशित हुआ।

ग़ज़ल

1

तज़ईन-ए-बज़्म-ए-ग़म[1] के लिए कोई शय[2] तो हो
रौशन चिराग़-ए-दिल न सही, जाम-ए-मय[3] तो हो

हम तो रहीन-ए-रिश्ता-ए-बेगानगी[4] रहे
सारे जहाँ से तेरी मुलाक़ात है तो हो

ग़म भी मुझे क़ुबूल है लेकिन ब-क़द्र-ए-शौक़[5]
दिल का नसीब दर्द सही, पै-ब-पै[6] तो हो

फ़रियाद एक शोर है, आहंग[7] के बग़ैर
नाला[8] मता-ए-दर्द[9] सही, कोई लय तो हो

ये क्या कि अह्ल-ए-शौक़[10] न अपने न आपके
या मौत या हयात[11], कोई बात भी तो हो

है दूर हुस्न-ए-सिलसिला-ए-ज़ेर-ओ-बम[12] की बात
पहले गुदाज़ सीना सज़ावार-ए-नै[13] तो हो

हर चंद दो क़दम ही सही मंज़िल-ए-मुराद[14]
ये मुख़्तसर-सी[15] राह मगर होश तय तो हो

---

1. शोक सभा की सजावट 2. चीज़ 3. शराब का प्याला 4. अपरिचय के धागे से बँधे 5. जितनी अभिलाषा हो उतनी 6. निरंतर 7. राग 8. आर्तनाद 9. दुख की पूँजी 10. अभिलाषी 11. जीवन 12. अस्त-व्यस्त सुंदरता 13. बाँसुरी के योग्य 14. कामना की मंज़िल 15. थोड़ा

2

दिल को ग़म रास है यूँ, गुल को सबा हो जैसे
अब तो ये दर्द की सूरत है, दवा हो जैसे

हर नफ़स[1] हलका-ए-ज़ंजीर नज़र आता है
ज़िंदगी जुर्म-ए-तमन्ना की सज़ा हो जैसे

कान बजते हैं सुकूत-ए-शब-ए-तन्हाई[2] में
वो ख़मोशी है कि इक हश्र[3] बरपा हो जैसे

अब तो दीवानों से यूँ बच के गुज़र जाती है
बू-ए-गुल[4] भी तेरे दामन की हवा हो जैसे

कहते-कहते ग़म-ए-दिल उम्र गुज़ारी लेकिन
फिर भी एहसास ये है, कुछ न कहा हो जैसे

होश बेताबी-ए-एहसास का आलम तौबा
मुझ में छुप कर वो मुझे देख रहा हो जैसे

3

गो दाग़ हो गए हैं वो छाले पड़े हुए
हैं अब भी दिल में तेरे हवाले पड़े हुए

दश्त-ए-वफ़ा[5] में जल के न रह जाएँ अपने दिल
वो धूप है कि रंग हैं काले पड़े हुए

शोला कि रंग, क्या है वो हुस्न-ए-करिश्मा-साज़[6]
हैं कशमकश में देखने वाले पड़े हुए

---

1. साँस 2. एकांत की रात का सन्नाटा 3. शोर 4. फूल की सुगंध 5. प्रेम का जंगल 6. चमत्कारी सुंदरता

शबनम सज़ा है जुरअत-ए-इफ़शा-ए-राज़[1] की
गोया ज़ुबान-ए-गुल में हैं छाले पड़े हुए

देखो हमें कि मंज़िल-ए-हश्र-ए-तलब[2] में है
लेकिन लब-ए-सवाल[3] पे ताले पड़े हुए

बेहिस[4] गुज़र न यूँ चमन-ए-रोज़गार से
काँटे कि फूल, कुछ तो उठा ले पड़े हुए

जाएँगे वज़-ए-नौ[5] से सर-ए-बज़्म-ए-यार[6] होश
मुँह पर भबूत, कान में बाले पड़े हुए

4

लाएगा रंग ज़ब्त-ए-फ़ुग़ाँ[7] देखते रहो
फूटेगी हर कली में ज़ुबाँ, देखते रहो

बरपा सर-ए-हयात[8] है इक हश्र-ए-दार-ओ-गीर[9]
देता है कौन किसको अमाँ[10], देखते रहो

दम-भर को आसतान-ए-तमन्ना[11] पै है हुजूम
जाए बिछड़ के कौन कहाँ, देखते रहो

मिलने को है ख़मोशी-ए-अह्ल-ए-जुनूँ[12] की दाद
उठने को है ज़मीं से धुआँ, देखते रहो

महफ़िल में उनकी शम्मा जली है कि जान-ओ-दिल
खुलता है कब ये राज़-ए-निहाँ[13], देखते रहो

---

1. भेद खोलने का साहस 2. याचना के शोर की मंज़िल 3. प्रश्न के होंठ 4. चेतनाशून्य 5. नया ढंग 6. प्रेमिका की सभा में 7. चीख़-पुकार न करना 8. जीवन में 9. पकड़-धकड़ का शोर 10. सुरक्षा 11. अभिलाषा की चौखट 12. प्रेमियों का मौन 13. गुप्त रहस्य

हैं बर्ग-ए-गुल[1] को बुर्रिश-ए-मिक़राज़[2] के पयाम[3]
तर्ज़-ए-तपाक-ए-अहल-ए-जहाँ[4] देखते रहो

आई निगार-ए-ग़म[5] की सदा होश, हम चले
तुम इम्तियाज़-ए-सूद-ओ-ज़ियाँ[6] देखते रहो

5

यादें चलीं, ख़याल चला, अश्क-ए-तर[7] चले
लेकर पयाम-ए-शौक़[8] कई नामाबर[9] चले

दिल को सँभालते रहे हर हादिसे[10] पे हम
अब क्या करें कि ख़ुद तेरे गेसू बिखर चले

हर गाम पर शिकस्त[11] ने यूँ हौसला दिया
जिस तरह साथ-साथ कोई हमसफ़र चले

शौक़-ए-तलब[12] न हो, कोई बाँग-ए-जरस[13] तो रहे
आख़िर कोई चले तो किस उम्मीद पर चले

अब क्या करोगे सैर-ए-चमन्-जार-ए-आरज़ू[14]
रुत जा चुकी, चढ़े हुए दरिया उतर चले

राहों में होश संग बरसते हैं हर तरफ़
ले कर ये कारवान-ए-तमन्ना[15] किधर चले?

---

1. फूल की पत्ती 2. कैंची की धार 3. संदेश 4. दुनिया वालों की आवभगत का ढंग 5. दुख की प्रतिमा 6. लाभ और हानि का भेद 7. बहते हुए आँसू 8. अभिलाषा का संदेश 9. पत्रवाहक 10. दुर्घटना 11. हार 12. याचना की अभिलाषा 13. क़ाफ़िले के घंटे की आवाज़ 14. आशा के बाग़ की सैर 15. कामना का क़ाफ़िला

6

कभी आहें, कभी नाले, कभी आँसू निकले
उनसे आग़ाज़-ए-सुख़न[1] के कई पहलू निकले

यूँ भी वो बज़्म-ए-तसव्वुर[2] से गुज़र जाते हैं
जैसे लय साज़ से या फूल से ख़ुशबू निकले

है इस उम्मीद पे सैक़ल[3] हुनर-ए-तेशा-ज़नी[4]
सीना-ए-संग से शायद कोई गुल-रू निकले

क़िस्सा-ए-दार-ओ-रसन[5] ही सही, कुछ बात करो
किसी उन्वाँ[6] से तो ज़िक्र-ए-क़द-ओ-गेसू[7] निकले

ग़म-ए-दौराँ ने किया अह्ल-ए-तमन्ना का वो हाल
दश्त से जैसे हिरासाँ[8] कोई आहू[9] निकले

हम जिन्हें होश तजाहुल[10] से ख़ता[11] समझे थे
नावक-ए-नाज़[12] वो सब दिल में तराज़ू निकले

7

वो तक़ाज़ा-ए-जुनूँ[13] अब के बहारों में न था
एक दामन भी तो उलझा हुआ ख़ारों में न था

अश्क-ए-ग़म[14] थम गए, याद आते ही उनकी सूरत
जब चढ़ा चाँद तो फिर नूर सितारों में न था

1. बात शुरू करने के 2. कल्पना की सभा 3. चमक 4. कुदाल चलाने की कला 5. फाँसी और रस्सी कथा 6. शीर्षक 7. क़द और बालों की बात 8. भयभीत 9. हिरन 10. जान-बूझकर अनजान 11. दोष 12. अभिमान के तीर 13. उन्माद की माँग 14. दुख के आँसू

मरने-जीने को न समझे तो ख़ता किस की है
कौन-सा हुक्म है जो उनके इशारों में न था

हर क़दम ख़ाक से दामन को बचाया तुमने
फिर ये शिकवा है कि मैं राहगुज़ारों में न था

तुम-सा लाखों में न था जान-ए-तमन्ना लेकिन
हम-सा महरूम-ए-तमन्ना[1] भी हज़ारों में न था

होश करते न अगर ज़ब्त-ए-फ़ुग़ाँ[2], क्या करते
पुरसिश-ए-ग़म[3] का सलीक़ा भी तो यारों में न था

अशआर

अश्कों से ख़बरदार कि आँखों से न निकलें
गिर जाएँ ये मोती तो उठाए नहीं जाते

हम भी शब-ए-गेसू के उजालों में रहे हैं
क्या कीजिए, दिन फेर के लाए नहीं जाते

ज़िंदगी के लिए शर्मिंदा-ए-ईसा होता
ऐसा ओछा तो कोई दर्द के मारों में न था

---

1. अभिलाषा से वंचित 2. चीख़-पुकार न करना 3. दुख की पूछ-ताछ